Vinod Groß / Robin Schwung / Johannes Jungbauer
Gefühlsabenteurer
Mit Jungen im Vorschulalter die Welt
der Gefühle entdecken

„Das Klischee, dass Indianer keinen Schmerz kennen, lebt noch."

(Ron Halbright)

*Vinod Groß / Robin Schwung /
Johannes Jungbauer*

Gefühlsabenteurer

Mit Jungen im Vorschulalter
die Welt der Gefühle entdecken

Mit Illustrationen von Katrin Begass

Unser Buch-Shop im Internet
www.verlag-modernes-lernen.de

Downloadmaterialien unter:
https://www.verlag-modernes-lernen.de/permalink/v1285

Externe Links
Der Verlag weist ausdrücklich darauf hin, dass eventuell im Text enthaltene externe Links vom Verlag nur bis zum Zeitpunkt der Buchveröffentlichung eingesehen werden konnten. Auf spätere Veränderungen hat der Verlag keinerlei Einfluss. Eine Haftung des Verlages ist daher ausgeschlossen.

© 2018 by SolArgent Media AG, Division of BORGMANN HOLDING AG, Basel

Veröffentlicht in der Edition:
verlag modernes lernen Borgmann GmbH & Co. KG • Schleefstraße 14 • D-44287 Dortmund

Gesamtherstellung in Deutschland: Löer Druck GmbH, Dortmund

Bestell-Nr. 1285   ISBN 978-3-8080-0823-2

Urheberrecht beachten!
Alle Rechte der Wiedergabe dieses Fachbuches zur beruflichen Weiterbildung, auch auszugsweise und in jeder Form, liegen beim Verlag. Mit der Zahlung des Kaufpreises verpflichtet sich der Eigentümer des Werkes, unter Ausschluss der § 52a/b und § 53 UrhG., keine Vervielfältigungen, Fotokopien, Übersetzungen, Mikroverfilmungen und keine elektronische, optische Speicherung und Verarbeitung (z. B. Intranet), auch für den privaten Gebrauch oder Zwecke der Unterrichtsgestaltung, ohne schriftliche Genehmigung durch den Verlag anzufertigen. Er hat auch dafür Sorge zu tragen, dass dies nicht durch Dritte geschieht. Der gewerbliche Handel mit gebrauchten Büchern ist verboten.

Zuwiderhandlungen werden strafrechtlich verfolgt und berechtigen den Verlag zu Schadenersatzforderungen. (Die Vorlagen im Download stehen dem Käufer dieses Buches für den *nichtgewerblichen* Gebrauch zur Verfügung. Alle Rechte vorbehalten.)

Inhalt

I	Einleitung	9
II	Jungen und die Bedeutung des Geschlechts	15
III	Jungen und ihre Emotionen im sozialen Miteinander	23
IV	Die Förderung sozial-emotionaler Kompetenzen im Vorschulalter	35
V	Das sozialpädagogische Gruppenprogramm „Gefühlsabenteurer"	45

1.	Konzeption und Aufbau des Gruppenprogramms	45
1.1	Überblick	45
1.2	Zielgruppe und Rahmenbedingungen	46
1.3	Pädagogische Haltung: Ressourcenorientiert und geschlechtersensibel	48
1.4	Zielsetzungen	49
1.5	Tabellarische Übersicht zu Aufbau, Struktur und Zielsetzung	51
2.	Verwendete Figuren, Methoden und Materialien	54
2.1	Die Protagonisten Pip und Pino	54
2.2	Das Piratenlied	58
2.3	Die Gefühlsszenenbilder, Gefühlsbuttons und Piratenrunden	60
2.4	Die Schatzkiste	61
2.5	Bewegungs-, Kooperations- und selbstwertsteigernde Spiele	65
2.6	Rollenspiel: Das Piratentheater	67
2.7	Ausmalbilder	70
2.8	Ergänzende Bausteine: Entspannungstechniken und Traumreisen	72
3.	Pädagogischer Umgang mit Schwierigkeiten während der Durchführung	73

4.	**Durchführung des Gruppenprogramms 75**
4.1	Das erste Gruppentreffen: „Ankommen und Kennenlernen" **77**
4.2	Das zweite Gruppentreffen: „Freude" **85**
4.3	Das dritte Gruppentreffen: „Wut" **92**
4.4	Das vierte Gruppentreffen: „Trauer" **100**
4.5	Das fünfte Gruppentreffen: „Angst" **107**
4.6	Das sechste Gruppentreffen: „Scham und Stolz" **114**
4.7	Das siebte Arbeitstreffen: „Gefühlsolympiade" **122**
4.8	Achtes Gruppentreffen: „Soziale Situationen bewältigen lernen I" **128**
4.9	Neuntes Arbeitstreffen: „Soziale Situationen bewältigen lernen II" **135**
4.10	Zehntes Arbeitstreffen: „Abschluss" **139**

5.	**Einbettung des Gruppenprogramms in den Kita-Alltag 147**

6.	**Elternarbeit 148**
6.1	Warum die Eltern unbedingt einbezogen werden sollten **148**
6.2	Aufbau und Durchführung von Elternabenden **149**
6.3	Programmbegleitende Elternbriefe **152**

7.	**Beobachtungs- und Evaluationsbögen 153**

VI	**Ausblick 159**

Literatur 163

Einleitung

I Einleitung

„Herzlichen Glückwünsch, es ist ein Junge!" Mit diesen Worten einer Hebamme beginnt häufig das Leben eines Jungen. Es ist bemerkenswert, wie viele Vorstellungen, Phantasien und Erwartungen allein durch die Benennung des biologischen Geschlechts ausgelöst werden. Von Anfang an sind Kinder mit traditionellen männlichen und weiblichen Geschlechterrollen konfrontiert. Stehen die frischgebackenen Eltern beim Kleidereinkauf in der Babyabteilung, wählen sie höchstwahrscheinlich den hellblauen Strampelanzug mit der Aufschrift SUPERMAN. Benötigt die Erzieherin im Kindergarten Hilfe beim Umstellen eines Tisches, wird sie oft rufen: „Können mir gerade mal vier von euch Jungs helfen? Ihr seid doch stark und kräftig." Fällt der kleine Felix bei seinen ersten Versuchen Fahrrad zu fahren hin, wird ihn sein Papa vielleicht mit den Worten aufmuntern: „Zähne zusammenbeißen! Ein Indianer kennt keinen Schmerz." Es ist beeindruckend, wie weitreichend die Konsequenzen dieser sehr früh einsetzenden geschlechterspezifischen Sozialisation für die Entwicklung von Kindern sind. Nicht nur das eigene Selbstkonzept wird in hohem Maße durch die Zugehörigkeit zum männlichen (oder weiblichen) Geschlecht geprägt, sondern das gesamte Denken, Fühlen und Verhalten. Irgendwann beginnen Jungen, selbst gemäß dieser geschlechtsbezogenen Rollen zu denken und zu empfinden: „Ich möchte aber nicht mit Oma Kuchen backen. Lieber wechsele ich mit Opa die Reifen an seinem Auto." Doch die Unterschiedlichkeit von Jungen und Mädchen ist keineswegs naturgegeben, sondern in weiten Teilen erlernt – oder (um ein berühmtes Zitat von Simone de Beauvoir zu variieren): Wir werden nicht als Männer und Frauen geboren, sondern durch unsere Sozialisation erst dazu gemacht.

Aus der Entwicklungspsychologie wissen wir, dass „typisch männliche" bzw. „typisch weibliche" Eigenschaften bereits sehr früh durch soziale Lernerfahrungen angelegt und verstärkt werden. Geschlechtsspezifische Unterschiede zwischen Jungen und Mädchen sind bereits im Alter von zwei bis drei Jahren beobachtbar und gehen im weiteren Verlauf mit der Herausbildung unterschiedlichen „Spielkulturen" sowie der Entwicklung von geschlechtsspezifischen Interessen, Verhaltensweisen und Distinktionsmustern einher. Während sich Mädchen typischerweise für soziale Beziehungen interessieren und sich z. B. in Rollenspielen soziale und emotionale Kompetenzen aneignen, ist dies meist ein Bereich, mit dem sich Jungen relativ wenig beschäftigen. Sie bevorzugen eher „action-orientierte" Spiele und orientieren sich an Männlichkeitsbildern, in denen Macht, Stärke und Leistung eine wichtige Rolle spielt.

Seit den 1980er Jahren wird im Kontext der sozialwissenschaftlichen Geschlechterforschung („gender studies") immer wieder darauf hingewiesen, dass neben einer emanzipatorischen Mädchenarbeit auch eine spezifische (sozial-)pädagogische Jungen- und Männerarbeit notwendig ist, um männliche wie weibliche Eigenschaften bei beiden Geschlechtern gezielt zu fördern („Androgynie"). Gerade Jungen und Männer, für die die Welt der Gefühle und der sozialen Beziehungen häufig ein wenig erschlossener und vergleichsweise unvertrauter Bereich ist, können von solchen sozialpädagogischen Angeboten profitieren. Dabei gilt der Grundsatz, dass eine gender-sensible Jungenarbeit möglichst frühzeitig beginnen und attraktive alternative männliche Rollenmodelle bereitstellen sollte. Doch gerade für die Arbeit mit Jungen im Kindergarten- und Vorschulalter liegen bislang in Deutschland kaum entsprechende Fachpublikationen vor.

Dies ist der Ausgangspunkt des vorliegenden Buchs, in dem das sozialpädagogische Gruppenprogramm „Gefühlsabenteurer" vorgestellt wird. Gerade die Entwicklung emotionaler und sozial-emotionaler Kompetenz ist für Jungen im Kindergarten- und Vorschulalter von großer Bedeutung. Generell erwerben Kinder in der Kita sehr viele dieser sozial-emotionalen Kompetenzen, indem sie lernen, die Trennung von ihren Eltern auszuhalten und sich auf neue Interaktionspartner, wie Erzieherinnen, Erzieher und andere Kinder, einzulassen. Dies bringt unter anderem die Notwendigkeit mit sich, sich gegenüber anderen behaupten, Gefühle ausdrücken und mitteilen, Empathie zeigen und Konflikte lösen zu können sowie eine Fähigkeit zum interaktiven und kooperativen Spiel zu entwickeln (vgl. Mähler, 2007). Wollen Kinder diese vielfältigen Herausforderungen bewältigen, brauchen sie ein Wissen und ein Verständnis über sich selbst und ihre Umwelt. Es geht vor allem um die Klärung der folgenden Fragen: Was sind Emotionen? Wie kann ich sie wahrnehmen – bei mir und bei anderen? Wodurch werden Emotionen ausgelöst? Kann ich meine Emotionen regulieren? Was kann ich tun, wenn ich einen Konflikt mit einem anderen Menschen habe? Welche sozialen Normen und Regeln gibt es? Welche Rolle spielt mein Geschlecht dabei? Sich diesen und weiteren Fragen zu widmen, ist der erste große Schritt auf dem Weg zur Ausformung einer sozial-emotionalen Kompetenz.

Im Mittelpunkt dieses Buchs stehen die spezifischen Bedürfnisse und Entwicklungschancen von Jungen im Hinblick auf den Umgang mit Gefühlen und Beziehungen. Doch uns geht es keineswegs darum, Jungen mehr zu fördern als Mädchen! Wir finden es sehr wichtig, dass Kinder unabhängig von ihrem Geschlecht als gleichwertig angesehen und behandelt werden. Selbstverständlich sollten Mädchen und Jungen die gleichen Chancen haben und sich entsprechend ihren Begabungen frei entwickeln können. Vielmehr geht es uns darum, gerade Jungen in einem Bereich zu fördern, in dem sie sehr häufig zu wenige Erfahrungen machen können. Es geht uns darum, Jungen die Welt der Gefühle zu zeigen – einer Welt, zu der sie aufgrund männlicher Rollenerwartungen oft schwer Zugang finden. Und nicht zuletzt sehen wir dieses Buch als Beitrag zur Veränderung und Überwindung einengender männlicher Rollenklischees. Denn wie soll sich die männliche Geschlechterrolle verändern, wenn wir nicht den Mut haben mit den Jungen selbst an ihr zu arbeiten?

Das hier vorliegende Buch teilt sich in einen Theorie- und einen umfangreichen Praxisteil. Im Theorieteil wird beschrieben, wie sich das Geschlechtsbewusstsein von Jungen entwickelt, ob es tatsächlich Unterschiede zwischen Mädchen und Jungen gibt und was geschlechtssensible Pädagogik genau bedeutet. Zudem widmen wir uns den

Emotionen, der sozial-emotionalen Kompetenz und der Frage, wie diese im Vorschulalter gefördert werden kann. Bereits bestehende und bewährte Förderprogramme werden hierzu vorgestellt, um erläutern zu können, weshalb „Gefühlsabenteurer" diese Angebotslandschaft sinnvoll erweitert. Das sozialpädagogische Gruppenprogramm „Gefühlsabenteurer" bildet dann den praktischen Schwerpunkt dieses Buches. Alle wichtigen Ziele, Rahmenbedingungen und Methoden werden im Sinne eines Manuals beschrieben. Anhand dieses Manuals kann das Gruppenprogramm von pädagogischen Fachkräften Schritt für Schritt vorbereitet und durchgeführt werden. Zum Ende hin thematisieren wir Möglichkeiten, wie die Eltern der teilnehmenden Jungen bei der Durchführung des Programms eingebunden werden können. Denn grundsätzlich halten wir die Elternarbeit im Sinne unserer pädagogischen Zielsetzungen für sehr wichtig, ja unverzichtbar.

Und damit möchten wir Erzieherinnen und Erzieher, Pädagoginnen und Pädagogen, Mütter und Väter sowie alle anderen Leserinnen und Leser dieses Buches einladen, sich selbst als „Gefühlsabenteurer" auf die Welt der Gefühle und Beziehungen einzulassen – sei es in der Arbeit und im Alltag mit den Kindern oder im Sinne eines bewussteren Umgangs mit sich selbst.

Jungen und die Bedeutung
des Geschlechts

II   Jungen und die Bedeutung des Geschlechts

Die Entwicklung der Geschlechtsidentität
Wer bin ich und was hat das mit meinem Geschlecht zu tun?

Bereits im Kindergarten- und Vorschulalter unterscheiden sich Kinder zum Teil erheblich hinsichtlich ihres Verhaltens, ihrer Interessen und ihrer Einstellungen. Schon im dritten Lebensjahr beginnen Jungen und Mädchen ein Verständnis für Geschlechterunterschiede zu entwickeln, das sich z. B. in ihrem Interesse für bestimmte Spiele und Aktivitäten widerspiegelt. Die Kinder erfassen mehr und mehr, was es bedeutet, ein Junge oder ein Mädchen zu sein. Sie fangen an zu überlegen, wie sie sich selbst als Junge oder Mädchen sehen, und wie sie von anderen Menschen als Junge oder Mädchen gesehen werden. Dieser Aspekt spielt bei der Ausformung der eigenen Geschlechtsidentität eine wichtige Rolle. Stimmen die Erwartungen und Reaktionen der Außenwelt mit ihren eigenen Vorstellungen überein, bauen Kinder ein stimmiges Bild von sich selbst auf. Entwicklungspsychologen bezeichnen dies als *Selbstkonzept*. Ein wichtiger Teil des kindlichen Selbstkonzepts ist wiederum die männliche oder weibliche *Geschlechtsidentität*, welche Vorstellungen und Wissen über das eigene Geschlecht und die damit verbundenen Rollenerwartungen beinhaltet.

Der Psychologe Lawrence Kohlberg (1927–1987) hat ein „klassisches" Stufenmodell entwickelt, das die Entwicklung der Geschlechtsidentität anschaulich beschreibt. In diesem Stufenmodell betont Kohlberg die aktive Rolle von Jungen und Mädchen in der Auseinandersetzung mit ihrer sozialen Umwelt. So eignen sich z. B. Jungen im Zuge ihres Heranwachsens aktiv immer differenzierteres Wissen über die männliche Geschlechterrolle an. Im Lauf der Zeit sind sie in der Lage, die in der Gesellschaft und Kultur als geschlechtstypisch geltenden Kriterien zuverlässig zu erkennen und sich klar dem männlichen Geschlecht zuzuordnen[1]. Nach Kohlberg vollzieht sich die Entwicklung des Geschlechtsverständnisses in drei Stufen, die im Folgenden kurz erläutert werden sollen.

---

[1] An dieser Stelle möchten wir anmerken, dass es Kinder gibt, bei denen die Zweigeschlechterordnung nicht mit dem eigenen Erleben vereinbar ist. *Intergeschlechtliche*, *transgeschlechtliche* und *genderqueere* Kinder können sich nicht in der zweigeschlechtlich strukturierten Gesellschaft verorten und erleben dadurch früh, dass sie nicht der in der Umwelt geltenden Norm entsprechen. Verunsicherung, Ausgrenzung und Diskriminierung sind häufig die Folge (vgl. Focks, 2016). Erzieherinnen und Erzieher müssen hier in besonderer Weise Beistand leisten, um den Kindern ein selbstbewusstes Aufwachsen in der zweigeschlechtlichen Gesellschaft zu ermöglichen.

Geschlechtsbewusstsein und das Denken in Kategorien
Ab wann weiß ein Junge, dass er ein Junge ist?

Zunächst entwickelt jedes Kind im Laufe des dritten Lebensjahres ein Bewusstsein für das eigene Geschlecht und bezeichnet sich selbst als Junge oder Mädchen. In dieser Phase beginnen Kinder generell damit, Gegenstände und Personen zu kategorisieren, das heißt, sie ordnen sie aufgrund bekannter Merkmale einer Kategorie zu. Beispielsweise beschäftigen sich kleinere Kinder oft sehr ausdauernd damit, Bauklötze nach Farbe oder Größe zu sortieren – nach Ähnlichkeit und Verschiedenheit. Auch die Kategorien „männlich" und „weiblich" sind dabei zunehmend wichtige Ordnungskategorien: die Spielzeugeisenbahn und kurze Haare werden automatisch den Jungen zugeordnet, Puppen und Röcke den Mädchen.

Kinder suchen in dieser Zeit gezielt nach Merkmalen, an denen sie erkennen können, dass sie zu den Jungen oder zu den Mädchen gehören. Sie beobachten dabei insbesondere die Verhaltensweisen von anderen Menschen und überprüfen, ob diese mit ihren eigenen Vorstellungen zusammenpassen. Ein Junge erkennt zum Beispiel, dass seine Mutter sich darüber freut, wenn er seinem Vater mit dem Hammer helfend zur Hand geht. Er ist stolz, da er das sichtbare Merkmal und die erwartete Verhaltensweise dem *richtigen* Geschlecht, nämlich seinem männlichen, zugeordnet hat.

Positive und negative Seiten einer Geschlechterkategorie
Ihr sollt wissen, dass ich zu den Jungs gehöre!

Mit drei bis vier Jahren erreichen Kinder die zweite Stufe, in dem sie ein Verständnis dafür entwickeln, dass ihr Geschlecht etwas Permanentes ist und sie vermutlich ihr Leben lang ein Mädchen oder ein Junge sein werden (*Geschlechtsstabilität*). Während der Kindergartenzeit erleben Jungen und Mädchen Geschlechterkategorien sehr prägnant. Kinder erweitern ihr Wissen darüber, was in ihrer Kultur als geschlechtstypisch angesehen und welche Geschlechterstereotypen es gibt. Sie inszenieren Männlichkeit und Weiblichkeit dabei besonders rigide, wobei die eigene Geschlechtszugehörigkeit und dazu „passende" Attribute und Verhaltensweisen als positiv bewertet werden. Hingegen wird es als negativ bewertet, wenn sich Kinder nicht konform zur Geschlechterrolle verhalten. Trägt etwa ein Junge ein Kleid, wird er von den anderen Kindern ausgelacht, vielleicht sogar beim nächsten gemeinsamen Spiel ausgegrenzt. Durch die Beobachtung von erwachsenen und gleichaltrigen Rollenmodellen, durch Reaktionen des sozialen Umfelds sowie durch Einflüsse der Medien lernen die Kinder, was in der Gesellschaft unter Mädchen bzw. Jungen verstanden wird. Sie kommen in den meisten Fällen der sozialen Erwartung nach, sich klar einem Geschlecht zuzuordnen und entsprechend zu verhalten.

Beispielsweise lässt sich oft beobachten, dass Jungen es zunehmend bevorzugen, in der Kita mit anderen Jungen zu spielen, während sich Mädchen am liebsten mit ihresgleichen beschäftigen. Zu Geburtstagspartys werden typischerweise nur noch gleichgeschlechtliche Freunde bzw. Freundinnen eingeladen. Wissenschaftliche Studien zeigen, dass sich im Kindergartenalter männliche und weibliche Spielkulturen herausbilden, die durch ähnliche Interessen und Verhaltensweisen in gleichgeschlechtlichen Gruppen gekennzeichnet sind (vgl. Siegler et al., 2016). In diesen geschlechtshomogenen Peergruppen demonstrieren Jungen und Mädchen ihre Geschlechtszugehörigkeit und grenzen sich von der jeweils anderen Geschlechtergruppe ab. Viele Jungen werten zum Beispiel das Pflegen einer Puppe als weiblich und wollen damit nichts mehr zu tun haben, obwohl sie bislang vielleicht gerne mit Puppen gespielt haben. Mädchen hören oft damit auf, auf Bäume zu klettern, da dies in ihren Augen etwas ist, das nur Jungen machen.

Schade daran ist, dass sich Mädchen und Jungen dadurch Erfahrungsräume verbauen, in denen sie prinzipiell wertvolle Kompetenzen für ihr späteres Leben erlernen könnten. Lernpsychologen und Hirnforscher weisen darauf hin, dass Kinder dann besonders gut lernen, wenn sie etwas für sich selbst besonders bedeutsam erleben und sich dafür begeistern können. Zudem legen Kinder Wert darauf, dass ihr Verhalten auch nach außen hin eine Bedeutung hat und sie etwas damit bewirken können (vgl. Hüther, 2011). Sobald Jungen also erkennen, dass sie männlich sind, spielen die Erwartungen und Reaktionen ihrer Bezugspersonen eine immer wichtigere Rolle für ihr Lernen – und damit auch für die Entwicklung ihrer Geschlechtsidentität, die zu weiten Teilen als Ergebnis von Lernprozessen betrachtet werden kann. Erleben sie dabei stereotype und rigide Geschlechterklischees, bleiben ihnen wichtige Entwicklungsmöglichkeiten verschlossen oder werden nur zum Teil erfahrbar.

Geschlecht als unveränderliches Merkmal
Werde ich für immer ein Junge bleiben?

Zwischen dem sechsten und achten Lebensjahr befinden sich Kinder nach Kohlberg in der dritten Stufe ihrer Geschlechtsentwicklung: das Geschlecht wird nun als unveränderbares und stabiles Merkmal angesehen (*Geschlechterkonstanz*), selbst wenn es nach außen nicht so scheint. Zum Beispiel wird ein Junge, obwohl er einen Rock trägt oder sich einen Pferdeschwanz wachsen lässt, sicher dem männlichen Geschlecht zugeordnet. Mit diesem Wissen über die Unveränderlichkeit des Geschlechts, suchen Jungen und Mädchen Situationen und Gelegenheiten, in denen sie ihre Geschlechtszugehörigkeit bestätigen können. Gleichgeschlechtliche Modelle dienen für das Kind als Vorbild, um zu lernen, wie es sich später als Frau oder Mann verhalten soll (vgl. Kasten, 2012).

Zusammengefasst lässt sich sagen, dass Jungen und Mädchen im Kindergartenalter eine immer differenziertere Vorstellung von ihrer Geschlechterrolle bekommen. Sie machen aktiv diesbezügliche Lernerfahrungen in ihrer sozialen Umwelt und erleben dadurch in vielfältigen Kontexten, welchem Geschlecht sie zugehören und welche Rollenerwartungen damit einhergehen. Durch die eigenen Interpretationen und Schlussfolgerungen erwerben sie ein mehr oder weniger stimmiges Selbstkonzept bezüglich ihres Geschlechts. Eine wertvolle pädagogische Begleitung können sie durch Erzieherinnen und Erzieher erfahren, die bewusst und sensibel mit stereotypen Geschlechterrollen umgehen können. Hier bieten sich vielfältige Chancen, die Erlebens- und Verhaltensspielräume von Jungen und Mädchen zu erweitern und geschlechtsbedingten Benachteiligungen oder Einschränkungen entgegenzuwirken. Das diesem Ansatz zugrundeliegende pädagogische Konzept und die damit verbundene Haltung wird *geschlechtssensible Pädagogik* genannt.

Geschlechtssensible Pädagogik
Darf das Kind so sein, wie es möchte?

Nicht nur für Kinder, sondern auch für Erwachsene stellt die männliche bzw. weibliche Geschlechterrolle einen wichtigen Orientierungspunkt im Leben dar. Sich entsprechend der eigenen Geschlechterrolle zu verhalten, vermittelt Sicherheit. Dazu gehört auch, dass fast alle Menschen ihre Männlichkeit oder ihre Weiblichkeit in irgendeiner Form inszenieren – bewusst oder unbewusst durch Kleidung, Frisur, Verhalten, Gestik, Mimik und Körperhaltung. Vor allem in sozialen Situationen versuchen sie sich so zu verhalten, wie es ihrer Vorstellung von männlichem oder weiblichem Verhalten entspricht. In der Fachliteratur wird dieses Verhaltensmuster *doing gender* genannt. Dies bedeutet, dass Geschlecht etwas ist, das in sozialen Situationen durch soziales Verhalten entsteht. Fast immer, wenn sich Menschen begegnen, wird in ihrem Verhalten die Orientierung an Geschlechterrollen sichtbar (vgl. Konrad & Schultheis, 2008). Verhalten wir uns häufig geschlechtstypisch, sind wir sozusagen selbst dafür verantwortlich, dass es Geschlechterstereotype gibt und diese so bleiben, wie sie sind. Gleichzeitig haben wir aber auch die Chance, durch bewusst untypische oder überraschende Verhaltensweisen rigide Geschlechterrollen zu hinterfragen und zu verändern.

In der geschlechtssensiblen Pädagogik geht es darum, dass Erzieherinnen und Erzieher bewusst mit Geschlechtszuschreibungen umgehen und einengende Rollenbilder bei sich selbst und bei den Jungen bzw. Mädchen hinterfragen. Das Beispiel aus der Einleitung dieses Buchs passt an dieser Stelle sehr gut. Eine Erzieherin benötigt Hilfe beim Tragen eines Tisches und sagt: „Können mir gerade mal vier von euch starken Jungs helfen?" Ohne es bedacht zu haben, ordnet die Erzieherin körperliche Leistungsfähigkeit und Stärke dem männlichen Geschlecht zu und bestätigt damit traditionelle geschlechtsbezogene Rollenerwartungen. Im Sinne der geschlechtssensiblen Pädagogik hätte die Erzieherin besser fragen können: „Welches Kind kann mir gerade einmal helfen den Tisch zu tragen? – Toll, ihr seid wirklich stark! Vielen Dank für eure Unterstützung."

Gerade Jungen tut es gut, wenn sie sich einmal in Rollen ausprobieren können, die sonst von Mädchen „besetzt" sind! Gezielte geschlechtssensible Angebote in der Kita ermöglichen Jungen, sich unbefangen mit Themen wie Emotionen, Fürsorge, Entspannung, Unsicherheit etc. zu beschäftigen. Hierzu ist manchmal zunächst ein geschützter Raum wichtig, in dem die Jungen unter sich sein dürfen. Dort gemachte Lernerfahrungen können sie dann „mitnehmen" und schauen, wie sie sich für ihren Alltag eignen. Dieser Aspekt steht im Mittelpunkt dieses Buchs, das auf die Förderung emotionaler und sozialer Kompetenzen von Jungen abzielt. Doch natürlich gilt sinngemäß das Gleiche für Mädchen. Auch sie sollten mehr Erfahrungen in Bereichen machen können, die sonst Jungen bzw. Männern zugeordnet werden, wie z. B. Technik, Natur, Erbauen und Konstruieren von Gegenständen, Toben, Dominanz und Durchsetzungsfähigkeit.

Jungen und Mädchen im Kindergarten
Sind sie wirklich so unterschiedlich?

Viele Eltern und auch pädagogische Fachkräfte gehen davon aus, dass bestimmte Verhaltensweisen eben „typisch" für Jungen seien, z. B. körperbetonte Aktivitäten, Herumtoben, Raufen, sowie Interesse an technik- und wettbewerbsorientiertes Spielen. Hier werden zugleich oft die Stärken von Jungen gesehen. Hingegen werden Mädchen andere Interessen und Stärken zugeschrieben, z. B. mit Fürsorge und Mitgefühl zu reagieren, wenn eine andere Person traurig ist. Von Jungen werden solche emotionalen Kompetenzen eher nicht erwartet. Aber sind Mädchen und Jungen in dieser Hinsicht wirklich so unterschiedlich? Und wenn ja, wodurch sind derartige Geschlechterunterschiede bedingt? Es ist nahezu unmöglich, diese Frage eindeutig zu beantworten. Zunächst ist jedoch festzuhalten, dass jedes Kind von Anfang an individuelle Eigenschaften, Stärken und Kompetenzen besitzt und sich dadurch von anderen Kindern unterscheidet. Studien haben gezeigt, dass die individuellen Unterschiede zwischen einzelnen Jungen oft deutlich größer sind als die durchschnittlichen Gruppenunterschiede zwischen Jungen und Mädchen (genauso verhält es sich übrigens bei Mädchen). Gleichwohl stellt sich natürlich die Frage, inwieweit vorhandene Unterschiede zwischen Jungen und Mädchen durch biologische oder soziale Einflüsse bedingt sind. Hierzu sollen nachfolgend einige Hinweise der Wissenschaft dargestellt werden.

Ein interessanter Forschungsbefund ist beispielsweise, dass Jungen bereits pränatal, also vor der Geburt, eine höhere Aktivität im Bauch der Mutter zeigen als Mädchen. Auch in den ersten Lebensmonaten sind Jungen im Durchschnitt lebhafter, aber auch reizbarer und aufgedrehter als Mädchen. Zudem sind Jungen in der Verarbeitung von Sinnesreizen weniger „genau", ihre akustischen, visuellen und olfaktorischen Wahrnehmungsfähigkeiten hinken denen der Mädchen etwas hinterher. Die Neurobiologin Lise Eliot führt diese frühen Geschlechterunterschiede vor allem auf hormonelle Einflüsse zurück. Gleichzeitig ist sie der Ansicht, dass diese zunächst relativ kleinen Unterschiede die „Ausgangsbasis" für die Herausbildung zunehmend größerer Unterschiede zwischen Jungen und Mädchen darstellt. Die späteren geschlechtsspezifischen Unterschiede der Kinder in den kognitiven Fähigkeiten (Sprechen, Lesen, mathematisches und technisches Verständnis etc.) sowie im Sozialverhalten (Empathie, aggressives Verhalten, Risikobereitschaft etc.) entstehen, so sagt sie, vor allem durch die Lernerfahrungen, die Jungen und Mädchen während ihres Aufwachsens machen (vgl. Eliot, 2010). Die Unterschiede zwischen den Geschlechtern sind somit durch ein komplexes Zusammenspiel aus biologischen Gegebenheiten und Lernerfahrungen bedingt.

Geschlechtsspezifische Unterschiede gibt es bekanntlich auch im Spielverhalten. Mädchen interessieren sich bereits früh für Puppen und Stofftiere, Basteln, Verkleiden und Rollenspiele. Kleine Jungen interessieren sich hingegen eher für Autos, Bälle und krachmachende Gegenstände. Später werden körperliche Aktivitäten, wie Boxen, Raufen und Toben, für sie immer bedeutsamer (vgl. Bischof-Köhler, 2010). Gerade im Spiel mit anderen Kindern, insbesondere den gleichgeschlechtlichen Spielgefährten, konnten in einigen Studien geschlechtsspezifische soziale Stile beobachtet werden. Mädchen haben meist einen größeren Wortschatz und profitieren im sozialen Miteinander davon. Wollen Mädchen etwas bekommen, versuchen sie es häufiger mit Kommunikation und Kooperation – sie bitten um etwas, verhandeln, überreden und argumentieren. Jungen setzen dagegen eher ihre körperlichen Kräfte ein, wenn sie etwas erreichen wollen. Ihr Interaktionsstil ist häufiger geprägt von Hierarchie- und Konkurrenzdenken („Wer hat wem etwas zu sagen? Wer ist stärker?"). Nicht selten zeigen sie auch aggressive Verhaltensweisen, wie Befehle, Drohungen und Einschüchterungsversuche. Auch das Austesten von Grenzen gegenüber Autoritätspersonen gehört oft zum Interaktionsstil von Jungen (vgl. Hannover & Schmidthals, 2007).

Für dieses Buch sind vor allem geschlechtsspezifische Unterschiede im sozial-emotionalen Verhalten spannend. Einige Studien haben gezeigt, dass Mädchen im Vergleich zu Jungen Emotionen besser erkennen und verstehen können. So konnte zum Beispiel gezeigt werden, dass Mädchen sowohl im Alter von drei Jahren als auch später mit sechs Jahren Gefühlsausdrücke besser entschlüsseln und Gefühle verbal besser erklären können als Jungen (vgl. Brown et al., 1996). Folglich haben Mädchen bereits im Kindergartenalter eher die Fertigkeit zur Empathie und sind Jungen in den sozial-emotionalen Kompetenzen ein Stück weit voraus. Doch was genau aber heißt es, emotional und sozial kompetent zu sein? Und was bedeutet dies für Jungen und ihren Umgang mit Gefühlen im sozialen Miteinander? Im folgenden Abschnitt werfen wir einen genaueren Blick auf dieses Thema.

Jungen und ihre Emotionen
im sozialen Miteinander

III   Jungen und ihre Emotionen im sozialen Miteinander

Der Mensch: ein emotionales und soziales Wesen
„Ich fühle, also bin ich!"

Gefühle (Emotionen) sind ein natürlicher und wichtiger Teil unseres alltäglichen Lebens. Positive und negative Gefühle haben in gewisser Weise die Funktion eines Wegweisers: indem sie uns empfinden lassen, was gut und schlecht für uns ist, steuern sie unser Verhalten und führen uns durchs Leben. Ohne Emotionen wäre der Mensch kein Mensch – er ist demnach ein *emotionales Wesen*. Gleichzeitig ist der Mensch auch ein *soziales Wesen*, welches nach Beziehung und Bindung zu anderen Menschen strebt und Gemeinschaften bildet. Diese beiden Aspekte sind untrennbar miteinander verbunden. Die Erfahrung und der Umgang mit den eigenen Gefühlen, die Emotionalität also, ist in gewisser Hinsicht Voraussetzung für die Sozialität des Menschen. Emotionale und soziale Kompetenzen sind deswegen wie zwei Seiten einer Medaille: Nur wer die eigenen Gefühle und Bedürfnisse spüren und äußern kann, wer die Gefühle und Ziele anderer Menschen verstehen kann, der schafft es auch, positive Beziehungen zu anderen Menschen einzugehen und soziale Probleme und Konflikte zu lösen.

Um die Emotionalität und Sozialität speziell von Jungen im Vorschulalter genauer verstehen und fördern zu können, bedarf es einer Vorstellung davon, was Emotionen sind und welche Funktion sie haben. Darüber hinaus ist es wichtig zu verstehen, was die Gefühlswelt von Jungen ausmacht und was genau unter emotionaler und sozialer Kompetenz zu verstehen ist. Die folgenden Ausführungen sollen deutlich machen, warum die Förderung von sozial-emotionalen Kompetenzen bei Vorschuljungen so wichtig ist.

Gefühle und Emotionen
Was sind eigentlich Gefühle?

Gefühle sind im menschlichen Leben allgegenwärtig, aber oft nur schwer fassbar, weil sie sich vielfach vage und diffus anfühlen und sich somit häufig einer exakten sprachlichen Benennung entziehen. In der Fachliteratur werden Gefühle in aller Regel als *Emotionen* bezeichnet. Emotionen werden als akut erlebte, affektive Zustände definiert (z. B. Freude, Wut oder Angst), die auf äußere oder innere auslösende Reize zurückzuführen sind. So kann beispielsweise ein großer Hund (äußerer Reiz) bei einem Kind Angst auslösen. Ebenso kann aber auch allein schon der Gedanke an eine bedrohliche Situation (innerer Reiz) Angst machen. Emotionen enthalten dabei unterschiedliche Komponenten, die miteinander zusammenhängen und sich während eines emotionalen Prozesses gegenseitig bedingen.

- Die **physiologische Komponente** einer Emotion umfasst körperliche Reaktionen auf bestimmte Reize. Erlebt ein Kind beim Anblick eines großen, laut bellenden Hundes Angst, steigen die Herzfrequenz und der Blutdruck an. Dies ist eine wichtige Funktion des Körpers, da sich dadurch die Blutversorgung in der Muskulatur verbessert und das Denken auf den bedrohlichen Reiz fokussiert werden kann. Die Emotion Angst bereitet das Kind in diesem Fall auf die Handlungsalternativen Flucht oder Kampf vor.

- Die **kognitive Komponente** einer Emotion sind die mit ihr einhergehenden Gedanken. So können z. B. das Denken an bestimmte Situationen Emotionen beeinflussen. Wenn etwa ein Kind beim Frühstück daran, denkt, dass es auf dem Weg zur Kita wieder an dem Grundstück mit dem schrecklichen, großen Hund vorbeimuss, kann es unter Umständen große Angst erleben. Doch auch die Erinnerung an den Streit im Kindergarten um den Platz auf der Schaukel kann bei einem Kind auch nachmittags zu Hause noch zu Wut führen.

- Die **subjektive Komponente** einer Emotion steht für das individuelle Erleben eines Gefühls. Die Kinder merken zum Beispiel, dass sich Wut anders anfühlt als Freude. Wie jemand aber Wut oder Freude spürt und wie sich diese Emotionen körperlich und kognitiv auswirken, ist von Mensch zu Mensch unterschiedlich.

- Die **Verhaltenskomponente** einer Emotion umfasst äußerlich beobachtbare Aspekte eines Gefühls, wie z. B. Mimik, Gestik und Stimme, aber auch Verhaltenstendenzen, die mit Emotionen einhergehen. Trauer zum Beispiel zeigt sich meist durch herabgezogene Mundwinkel und auf der Innenseite zusammengezogenen Augenbrauen, aber möglicherweise auch durch eine brechende Stimme, Weinen oder Schluchzen.

Basisemotionen und sekundäre Emotionen im Vorschulalter
Welche Emotionen sind zu unterscheiden?

In der Fachliteratur wird zwischen *Basisemotionen* und *sekundären Emotionen* unterschieden. Die Emotionen Wut, Angst, Ekel, Trauer, Freude und von manchen Forschern und Forscherinnen auch Überraschung werden zu den Basisemotionen gezählt. Sie setzen sich nicht aus mehreren Emotionen zusammen, sondern treten in ihrer Reinform auf. Es wird angenommen, dass sich die Basisemotionen im Rahmen der menschlichen Evolution entwickelt haben und daher universell in allen menschlichen Gesellschaften – egal ob in Asien, Afrika, Amerika, Europa oder am Nordpol – in ähnlicher Form auftreten und annähernd gleich ausgedrückt werden (vgl. Höhl & Weigelt, 2015). Als sekundäre Emotionen hingegen werden komplexe, soziale Emotionen bezeichnet. Scham und Stolz zum Beispiel hängen davon ab, wie das eigene Verhalten oder die eigene Leistung bewertet wird. Die Bewertung kann vom Umfeld oder von einem Menschen selbst erfolgen. Zum Beispiel kann sich ein Junge schämen, wenn andere Kinder über ein von ihm gemaltes Bild lachen. Wird er aber von anderen Kindern oder einer Erzieherin für sein Bild gelobt, ist er auf seinen Erfolg stolz. Das Emotionserleben ist bei sozialen Emotionen demnach vom sozialen Kontext abhängig.

Im Kindergarten- und Vorschulalter machen Kinder viele neue Erfahrungen mit Gefühlen. Anfangs haben sie oft noch Schwierigkeiten, Emotionen wahrzunehmen und zu verstehen. Nichtsdestotrotz machen sie in dieser Hinsicht rasch große Fortschritte. Zunehmend können sie Emotionen bei sich selbst und anderen Personen präzise beschreiben und über Auslöser von Gefühlen sprechen. Ab dem vierten und fünften Lebensjahr entwickeln Kinder auch individuelle Strategien, um unangenehme Gefühle zu bewältigen. Sie lenken sich zum Beispiel ab, meiden Konflikte, bitten um Hilfe oder beruhigen sich durch Selbstgespräche. Dennoch sind sie in diesem Alter immer noch auf Hilfestellungen von außen, bezüglich der Regulation ihrer Emotionen und bei konstruktiven Lösungen in problematischen oder konflikthaften Situationen, angewiesen. Gerade Vorschulkinder befinden sich in einem komplexen Lernprozess im Hinblick auf das Verständnis von Emotionen bei sich und bei anderen Menschen. Dies ist zum einen wichtig, um die Intensität des Erlebens eigener Emotionen beeinflussen bzw. steuern zu können (Emotionsregulation). Zum anderen ist Empathiefähigkeit wichtig, um sich in die Gedanken und Gefühle anderer Menschen hineinzuversetzen und dadurch Beziehungen besser gestalten zu können.

Emotionen und ihre Funktion
Wäre uns ohne Emotionen alles egal?

Eine der wichtigsten Funktionen von Emotionen ist, dass sie uns dabei helfen, Situationen zu bewerten und geeignete Handlungsmöglichkeiten zu finden. So hält uns die Emotion „Ekel" davon ab, potenziell krankmachende Dinge zu berühren und zu essen (z. B. verdorbene, schlecht riechende Lebensmittel). Die Emotion „Angst" warnt uns vor Gefahren und bereitet den Körper auf schnelles Reagieren vor. Die Emotion „Wut" gibt uns wiederum die Energie, uns gegen Ungerechtigkeiten einzusetzen. Die Emotion „Freude" motiviert und zeigt uns, wofür es sich lohnt, Energie und Zeit zu investieren.

Eine weitere wichtige Funktion haben Emotionen im sozialen Miteinander. Ein Großteil unserer Kommunikation läuft bekanntlich nonverbal ab. Mimik, Gestik, Körpersprache und Stimmlage verraten bereits sehr viel über unseren emotionalen Zustand. So können wir uns auf andere Menschen ohne viele Worte einstellen – und diese sich auf uns. Für den Entwicklungspsychologen Manfred Holodynski geben Emotionen Handlungsimpulse zur Befriedigung von Bedürfnissen oder zur Bewältigung von Situationen. Diese können entweder von der Person selbst oder ersatzweise von anderen Personen umgesetzt werden. So kann etwa Trauer einen Jungen dazu veranlassen, zu weinen und dadurch seine Anspannung etwas zu reduzieren. Diese Verhaltensfunktion wird in der Fachliteratur „intrapersonale Regulation" genannt. Es kann aber auch sein, dass sich der Junge Trost bei einer Erzieherin sucht bzw. der Erzieherin durch sein Weinen sein Bedürfnis signalisiert, von ihr getröstet zu werden. Diese Verhaltensfunktion wird „interpersonale Regulation" genannt. Das Weinen des Jungen ist somit einerseits der Ausdruck seiner aktuellen Emotion („Ich bin traurig und deshalb weine ich!"), andererseits der Handlungsappell an eine andere Person („Tröste mich!"). Für die Entwicklung von Kleinkindern ist daher das Emotionsverständnis der wichtigsten Bezugspersonen (z. B. Eltern, Erzieherinnen) von besonders großer Wichtigkeit (vgl. Holodynski, 2009) (siehe Tab. 1, S. 27).

Die Gefühlswelt von Jungen
„Du bist doch ein Junge, also hör' auf zu weinen!"

Jungen erleben grundsätzlich die gleichen Gefühle wie Mädchen. Kinder können von Beginn an zwischen angenehmen und unangenehmen Gefühlen unterscheiden. Alle Babys weinen, wenn ihre Windel voll ist, wenn sie Hunger haben oder sich allein fühlen. Sie lachen, wenn ihre Eltern eine lustige Grimasse ziehen und sie fürchten sich, wenn sich eine unbekannte Person mit einem dunklen Vollbart über den Kinderwagen beugt. Im Säuglingsalter gibt es dabei noch keine Unterschiede zwischen Jungen und Mädchen. Doch im weiteren Entwicklungsverlauf lassen sich zunehmend Geschlechterunterschiede bezüglich der Emotionalität beobachten. Die Wahrnehmung und der Ausdruck von Gefühlen sowie der Umgang damit scheint ebenso durch geschlechtsspezifische Lernprozesse beeinflusst zu sein, wie die Entwicklung des kindlichen Selbstkonzepts. Soziale Erwartungen, Normen und Werte bringen vor allem Jungen dazu, bestimmte als „unmännlich" bewertete Emotionen (z. B. Angst, Traurigkeit) zu unterdrücken oder zumindest nicht offen zu zeigen.

Doch welche sozialen Erwartungen und Lernerfahrungen führen konkret dazu, dass Jungen einen eingeschränkteren Zugang zur Welt der Gefühle haben als Mädchen? In den ersten beiden Lebensjahren sind die sozialen Einflüsse aus dem unmittelbaren familiären Umfeld besonders bedeutsam. Kinder in diesem Alter orientieren sich vor allem an ihren primären Bezugspersonen, also meist den Eltern oder anderen Familienmitgliedern (z. B. Oma, Geschwister etc.) – auch im Umgang mit Gefühlen. Beispielsweise kann es passieren, dass ein Vater seinem kleinen Sohn die Trauer über den Verlust seines Kuscheltieres abspricht, weil er diese Reaktion als „unmännlich" wahrnimmt: „Du bist doch ein Junge! Du brauchst doch nicht zu weinen wegen so einem lächerlichen Plüschhasen!" Derartige Männlichkeitsklischees sind immer noch sehr weit verbreitet und beeinflussen das Erziehungsverhalten von Eltern in erheblichem Maße. Väter und Mütter wünschen sich sehr häufig einen „richtigen Jungen" und sind stolz darauf, wenn ihr Sohn sich entsprechend dieser gespürten Erwartung verhält. Selbst Eltern, die sich in dieser Hinsicht tolerant und modern geben, erleben „insgeheim" oft

Emotion	Anlass	Intrapsychische Regulation	Interpsychische Regulation
Ekel 0 Monate	Wahrnehmung unangenehmer Reize (z.B. Geschmack, Geruch)	Weist unangenehme Reize zurück	Signalisiert Abwehr dargebotener Reize
Interesse/ Erregung 1 Monat	Neuartigkeit eines Reizes; Abweichung; Erwartung	Öffnet das sensorische System; Erhöhung der Aufmerksamkeit	Signalisiert Aufnahmebereitschaft für Reize / Informationen
Freude 2 Monate	Vertraulichkeit; genussvolle Stimulation	Motiviert dazu, die momentanen Aktivitäten fortzuführen	Signalisiert Wohlbefinden; fördert soziale Bindung
Ärger 7 Monate	Zielfrustration	Motiviert dazu, Barrieren und Quellen der Zielfrustration zu beseitigen	Signalisiert mögliche aggressive Verhaltensweisen
Trauer 9 Monate	Verlust eines wertvollen Objekts oder Abwesenheit einer wichtigen Bezugsperson	Motiviert zu Passivität, Rückzug und Neuorientierung	Signalisiert Bedürfnis nach Trost, Zuwendung und Schutz
Furcht/ Angst 9 Monate	Wahrnehmung von Gefahr	Identifiziert Bedrohung; löst Verhalten aus, das dem Selbstschutz dient	Signalisiert bevorstehende Flucht- oder Angriffsreaktionen
Scham/ Schüchternheit 18 Monate	Wahrnehmung, dass die eigene Person Gegenstand intensiver Aufmerksamkeit ist	Führt zu Passivität und Rückzugsverhalten	Signalisiert Bedürfnis, in Ruhe gelassen zu werden
Schuld 36 Monate	Wahrnehmung, falsch gehandelt zu haben oder anderen Schaden zugefügt zu haben	Motiviert zu Versuchen der Wiedergutmachung	Signalisiert Unterwürfigkeit und geringe Wahrscheinlichkeit eines Angriffs

Tab. 1: Basisemotionen und deren Funktionen im Kindesalter (modifiziert nach Magai & McFadden, 1995)

diesen Wunsch. Trauer, Angst, Scham, Bedürftigkeit und Schwäche sind mit gängigen Männlichkeitsbildern nur schwer vereinbar. Deswegen erleben Jungen eher selten die verletzliche, sensible und fürsorgliche Seite ihrer Väter oder anderer männlicher Bezugspersonen. Hinzu kommt, dass Eltern mit Jungen meist anders über Emotionen reden als mit Mädchen: Mütter reden deutlich gefühlsbetonter mit ihren Kindern als Väter, insbesondere mit ihren Töchtern. Mit ihren Söhnen bleibt die Kommunikation dagegen deutlich „sachlicher" (vgl. Tenenbaum, 2008).

Obwohl die Eltern somit gerade in den ersten Lebensjahren einen sehr starken Einfluss ausüben, sind sie keineswegs alleine „verantwortlich" für die emotionale Entwicklung ihrer Kinder. Mit zunehmendem Alter sind Kinder mehr und mehr vielfältigen sozialen Einflüssen außerhalb der Familie ausgesetzt. Insbesondere die gleichaltrigen Kinder stellen zunehmend einen bedeutsamen Einflussfaktor dar. Vor diesem Hintergrund wurden die Gleichaltrigen auch schon pointiert als die „heimlichen Erzieher" bezeichnet (Wißkirchen, 2002). Jungen orientieren sich in ihrem Verhalten und ihren Interessen immer stärker an anderen Jungen. Vor allem Jungen, die etwas älter sind und allgemein respektiert werden, sind attraktive Rollenmodelle. Mindestens genauso stark ist der Einfluss medialer Vorbilder, die Stereotypen des starken und „coolen" Mannes transportieren. Die meisten Helden in den Lieblingszeichentrickserien von Jungen geben sich selbstbewusst und unbesiegbar, reißen sich zusammen und kämpfen weiter, obwohl sie verwundet sind (vgl. Halbright, 2016). Die Gesamtheit aller sozialen Einflüsse trägt somit dazu bei, dass Jungen vermittelt bekommen, dass Emotionen (insbesondere negative Gefühle wie Angst, Trauer, Unsicherheit und Scham) unmännlich sind und aus diesem Grund unterdrückt werden sollten. Tatsächlich zeigen Jungen im Vorschulalter im Vergleich zu Mädchen häufiger externalisierende Emotionen (wie Wut und Ärger) und deutlich seltener internalisierende Emotionen (wie Trauer, Angst). Interessanterweise ist die Emotion „Freude" bei Mädchen ebenfalls eher anzutreffen als bei Jungen (vgl. Chaplin & Aldao, 2013).

Vor diesem Hintergrund erscheint es besonders wichtig, Jungen von Anfang an zu vermitteln, dass jedes Gefühl seine Berechtigung hat. Insgesamt sollte der Förderung *emotionaler Kompetenzen* von Jungen ein wichtiger Stellenwert beigemessen werden. Auch sie sollten lernen, gut mit ihren eigenen und den Gefühlen und Bedürfnissen anderer umzugehen, sowie die Vielfalt ihrer Emotionen zu unterscheiden, auszudrücken und unangenehme Gefühle konstruktiv zu bewältigen.

Emotionale Kompetenz
Was genau macht einen kompetenten Umgang mit Gefühlen aus?

Was ist eigentlich *emotionale Kompetenz?* In der Fachliteratur werden mit diesem Begriff unterschiedliche Fähigkeiten zusammengefasst: Es sind die Fähigkeiten, eigene Gefühle wahrnehmen und verstehen, sie anderen mitteilen, unangenehme Gefühle bewältigen und regulieren, sich in andere hineinversetzen und auch deren Gefühle verstehen und deuten zu können (vgl. Saarni, 1999). Dabei umfasst emotionale Kompetenz drei unterschiedliche Teilkompetenzen: Die Kompetenz des *Emotionsausdrucks* beinhaltet die Fähigkeit, die eigenen Emotionen verbal und nonverbal so zu zeigen, sodass sie von anderen Menschen erkannt werden. Beim *Emotionsverständnis* bedarf es die Fähigkeit, eigene und fremde Emotionen wahrnehmen, interpretieren und verstehen zu können. Die Kompetenz der *Emotionsregulation* meint die Fähigkeit, eigene unangenehme (manchmal aber auch die angenehme) Emotionen situationsangemessen und konstruktiv bewältigen zu können. Dafür muss häufig die Intensität dieser Emotionen verringert werden. All diese emotionalen Kompetenzen benötigen Jungen (und Mädchen), um Beziehungen aufzubauen und zu gestalten, mit Frust und Niederlagen umzugehen und ein positives Selbstkonzept entwickeln zu können.

Die Kinderpsychologin Carolyn Saarni hat für die emotionale Kompetenz ein differenziertes Konzept vorgeschlagen, das alle wichtigen Fähigkeiten zum Umgang mit Emotionen beschreibt. Nach Auffassung der Autorin können sich diese Fähigkeiten nur durch Interaktion mit der sozialen Umwelt bzw. in sozialen Beziehungen herausbilden. Was die Lebenswelt von Vorschulkinder betrifft, findet die Entwicklung emotionaler Kompetenz vor allem in den Beziehungen zu den Bezugspersonen, Gleichaltrigen, Erziehern und Erzieherinnen statt. Saarni (1999; 2002) nennt acht zentrale Schlüsselfähigkeiten der emotionalen Kompetenz:

1. Das Bewusstsein über eigene Emotionen bzw. den eigenen emotionalen Zustand;
2. die Fähigkeit, Emotionen bei anderen in Abhängigkeit der Situation und des Gefühlsausdrucks zu erkennen;
3. die Fähigkeit, einen bestimmten Emotionswortschatz zu verstehen und (in Abhängigkeit von Alter und Kultur) benutzen zu können;
4. die Fähigkeit, empathisch auf das Erleben von anderen Menschen eingehen zu können;
5. die Fertigkeit zu verstehen, dass der innere emotionale Zustand nicht mit dem äußeren Emotionsausdruck übereinstimmen muss (sowohl bei sich, als auch bei anderen);
6. die Fähigkeit zur adaptiven Bewältigung von aversiven oder beunruhigenden Emotionen durch Selbstregulierungsstrategien, die die Intensität oder zeitliche Dauer von emotionalen Zuständen verringern;
7. das Wissen, das soziale Beziehungen von der emotionalen Kommunikation beeinflusst werden; sowie
8. die Fähigkeit zu emotionalem Selbstwirksamkeitserleben.

Als Zwischenfazit ist festzuhalten, dass Erziehung und Vorbilder für die emotionale Entwicklung eine sehr bedeutsame Rolle spielen – gerade in den ersten Lebensjahren. Generell ist der individuelle Umgang mit Emotionen erlernt und durch Lernerfahrungen beeinflussbar. Aus diesem Grund ist es auch möglich, emotionale Kompetenzen gezielt zu fördern. Dabei erscheint es prinzipiell sinnvoll, möglichst frühzeitig anzusetzen. Speziell im Kita-Alltag ist grundsätzlich eine geschlechtssensible Pädagogik wünschenswert, die durchgängig und für alle Kinder auch den Umgang mit Gefühlen berücksichtigt. Die im Hinblick auf die kognitive und emotionale Entwicklung besonders sensible Phase des Vorschulalters ist besonders geeignet für spezifische pädagogische Maßnahmen zur Förderung emotionaler Kompetenzen.

Die sozial-emotionale Kompetenz
Ohne emotionale Kompetenz gibt es keine soziale Kompetenz!

Wie bereits erwähnt, ist emotionale Kompetenz die Voraussetzung für die Herausbildung sozialer Kompetenz. Unter sozialer Kompetenz wird ganz allgemein die Fähigkeit verstanden, soziale Situationen zu gestalten und zu bewältigen. Wie bei der emotionalen Kompetenz gibt es dabei eine Reihe von wichtigen Teilkompetenzen im Umgang mit anderen Personen. So ist z. B. die Fähigkeit, auf andere Menschen zuzugehen, Kontakte zu knüpfen und um Hilfe zu bitten, in vielen Situationen eine wichtige Kompetenz. Auch die gute Gestaltung von Beziehungen und Freundschaften sowie die Fähigkeit, konstruktiv mit Streit und Konflikten umzugehen, ist eine soziale Kompetenz – ebenso wie die Fähigkeit, sich um andere zu kümmern, zu helfen und zu trösten. Bei all diesen Beispielen wird deutlich, dass die soziale und die emotionale Kompetenz unweigerlich eng miteinander verwoben sind. Der Psychologe Franz Petermann und sein Team (2004) fassen die emotionale und soziale Kompetenz deshalb im Begriff der *sozial-emotionalen Kompetenz* zusammen. Darunter verstehen sie einen „hohen Entwicklungsstand im sozialen und emotionalen Bereich, verbunden mit der Fähigkeit, diese Ressourcen wirksam in Situationen des wirklichen Lebens anzuwenden" (vgl. Petermann et al., 2004).

Aus der Forschung wissen wir, dass eine höhere emotionale Kompetenz positive Auswirkungen auf das Sozialverhalten hat. Emotionale Fähigkeiten scheinen die Voraussetzung für prosoziales Verhalten und Empathie zu sein, was wiederum zu positiveren Kontakten mit Gleichaltrigen und zu einer schnelleren Lösung von Konflikten führen kann. Kinder mit hoher emotionaler Kompetenz fällt es beispielsweise leichter, sich nach einem Streit wieder zu versöhnen (vgl. Liao et al., 2014 zit. in Petermann & Wiedebusch, 2016). Sie können leichter soziale Beziehungen zu Gleichaltrigen aufbauen und werden vom Gegenüber eher akzeptiert als Kinder mit weniger ausgeprägten emotionalen Fähigkeiten (vgl. Izard et al., 2001; Petermann & Wiedebusch, 2016). Unter Gleichaltrigen sind Kinder, die die eigenen Emotionen in ihrer Intensität gut regulieren können, attraktive Spielpartner. Mit intensiven Emotionen können diese Kinder konstruktiv umgehen. Umgekehrt zeigen Kinder mit mangelnden Fähigkeiten, Emotionen richtig zu interpretieren, oftmals auch in ihrem Sozialverhalten Auffälligkeiten und haben dadurch vielfach weniger soziale Kontakte. Kinder mit Defiziten in der Emotions-

Selbst- und Fremdwahrnehmung	
Gefühlswahrnehmung	Das Kind kann Gefühle genau wahrnehmen und bezeichnen
Emotionsregulation	Das Kind kann seine Emotionen in ihrer Intensität regulieren
Konstruktives Selbstbild	Das Kind kann eigene Stärken und Schwächen wahrnehmen und alltäglichen Herausforderungen mit Optimismus begegnen
Perspektivenübernahme	Das Kind kann sich in das Denken und die Gefühle anderer hineinversetzen.
Positive Haltung und Werte	
Eigene Verantwortung	Das Kind hat die Absicht, auf sich selbst zu achten und sich anderen gegenüber ehrlich und fair zu verhalten
Das Respektieren anderer	Das Kind hat die Absicht, andere Menschen und ihre Rechte wertzuschätzen und zu akzeptieren
Soziale Verantwortung	Das Kind hat die Absicht etwas zur Gemeinschaft beizutragen, sich für andere einzusetzen und die Umwelt zu schützen
Entscheidungsfindung	
Problemerkennung	Das Kind erkennt soziale Situationen, die eine Entscheidung oder Lösung erfordern
Problemlösung	Das Kind entwickelt positive Lösungen für Probleme und kann diese durchführen
Soziale Interaktion	
Aktives Zuhören	Das Kind kann sich anderen verbal und nonverbal zuwenden und ihnen signalisieren, dass es sie verstanden hat
Kommunikation	Das Kind kann Gespräche initiieren und aufrechterhalten sowie seine Gefühle und Gedanken verbal und nonverbal ausdrücken
Kooperation	Das Kind kann teilen, mit anderen konstruktiv zusammenarbeiten und sich mit anderen abstimmen
Vermittlung	Das Kind kann unterschiedliche Perspektiven in einem Konflikt berücksichtigen, um ihn friedlich und einvernehmlich zu lösen
Abgrenzung	Das Kind schafft es, eigene Bedürfnisse und Interessen mitzuteilen, Grenzen zu setzen und „Nein" zu sagen
Hilfe suchen	Das Kind kann seinen eigenen Hilfebedarf erkennen, um Hilfe bitten und sie annehmen

Tab. 2: Ausgewählte Bereiche sozial-emotionaler Kompetenz (modifiziert nach Payton et al., 2000)

regulation werden von Gleichaltrigen eher abgelehnt, da sie häufiger negative Gefühle ausdrücken und in der Interaktion Gefühle nur schwer kontrollieren können.

Tabelle 2 zeigt zentrale Bereiche der sozial-emotionalen Kompetenz und der damit verbundenen Fähigkeiten. Für die Zielsetzung unseres sozialpädagogischen Gruppenprogramms „Gefühlsabenteurer" sind diese Fähigkeiten von zentraler Bedeutung. Im weiteren Verlauf dieses Buchs werden wir daher immer wieder darauf zurückkommen (siehe Tab. 2, S. 31).

IV

Die Förderung sozial-emotionaler Kompetenzen im Vorschulalter

IV Die Förderung sozial-emotionaler Kompetenzen im Vorschulalter

Frühzeitig Unterstützung erfahren
Warum im Vorschulalter ansetzen?

Wir halten nochmals fest: Kindern müssen im Kindergarten- und Vorschulalter wichtige Entwicklungsaufgaben bewältigen, insbesondere im Hinblick auf ihre kognitive, soziale und emotionale Entwicklung. In der Kita verändern sich die sozialen Beziehungen der Kinder enorm: Sie stehen zunächst vor der emotionalen Herausforderung, die familiäre Trennung und die damit einhergehende Frustration auszuhalten. Sie treffen auf andere Kinder und Erwachsene, die sie bisher meist noch nicht gekannt haben. Sie müssen lernen, mit vielen anderen kleinen und großen Personen zurechtzukommen, zu teilen, zu kooperieren und sich in der Gruppe zu behaupten (vgl. Mähler, 2007). Vor diesem Hintergrund bildet die Entwicklung und Aneignung unterschiedlicher sozial-emotionaler Kompetenzen die Voraussetzung zur Bewältigung ebenjener Entwicklungsaufgaben. Nur wenn Vorschulkinder die eigenen und die Emotionen anderer wahrnehmen können und lernen die Auslöser für Emotionen zu erkennen, sich prosozial zu verhalten und die eigenen Emotionen zu regulieren sowie bestimmten sozialen Normen und Regeln zu folgen, können sie die vielfältigen Herausforderungen des Kindergartenalters bewältigen (vgl. Höhl & Weigelt, 2015).

Wie bereits dargelegt wurde, sollten Maßnahmen zur Förderung sozial-emotionaler Kompetenzen grundsätzlich möglichst früh ansetzen. Was bis zur Einschulung versäumt oder falsch gelernt wurde, ist später nur schwer nachzuholen oder zu korrigieren. Vorschulkinder verfügen bereits über einige wichtige Kompetenzen, wie z. B. die Fähigkeit zur Perspektivenübernahme. Gleichwohl befinden sie sich noch mitten in der Entwicklung ihrer Persönlichkeit und ihrer sozial-emotionalen Fähigkeiten. Dies hat aus pädagogischer Sicht den großen Vorteil, dass gezielte Fördermaßnahmen quasi auf besonders fruchtbaren Boden fallen. Vor diesem Hintergrund erscheint die gezielte Förderung sozial-emotionaler Kompetenzen in dieser Altersstufe als besonders sinnvoll und aussichtsreich.

Herangehensweise und methodische Grundlagen
Wie kann eine kindgerechte Förderung sozial-emotionaler Kompetenzen aussehen?

Eine kindgerechte Förderung sozial-emotionaler Kompetenzen muss sich prinzipiell spielerischer und kreativ-gestalterischer Elemente bedienen und die Lebenswelt der Kinder berücksichtigen. Die Kinder sollen lernen, Gefühle zu erkennen und zu benennen, sie sollen merken, dass dies unmittelbar etwas mit ihrem Alltag zu tun hat, und sie sollen dabei Spaß haben. Der in diesem Buch vorgestellte Ansatz nutzt vor allem

Bildmaterialien und anschauliche Geschichten, um die Emotionen (Trauer, Angst, Wut, Freude etc.) zu thematisieren und zu reflektieren. Den unterschiedlichen Emotionen und ihren Merkmalen werden in Interaktion mit den Kindern Namen gegeben. Im Anschluss können gemeinsam die unterschiedlichen Formen des Emotionsausdrucks (Körperhaltung, Gestik und Mimik) erarbeitet werden. Auf diese Art und Weise lernen die Kinder, Gefühle bei sich selbst und anderen Personen differenziert zu erkennen. Darüber hinaus ist es wichtig, mit den Kindern über Auslöser von Emotionen zu sprechen, um ihre Fähigkeit zur Empathie zu fördern.

Ganz grundsätzlich sollten die Kinder lernen, ihre eigenen Gefühle und Bedürfnisse wahrzunehmen und angemessen durch gezielte Ich-Botschaften mitzuteilen: „Ich fühle mich traurig, wenn du mich nicht mitspielen lässt!" oder „Ich fühle mich wütend, wenn du mich ärgerst!". Weiterhin sollte den Kindern Gelegenheit gegeben werden, Gefühle bei anderen Personen durch aktives Zuhören wahrzunehmen und/oder zu erfragen. Ein weiteres sinnvolles Ziel ist der konstruktive Umgang mit belastenden Gefühlen. Dabei sollten den Kindern Techniken und Strategien vermittelt werden, wie sie mit solchen negativen Gefühlen umgehen können, z. B. durch Entspannungstechniken, Aufmerksamkeitslenkung oder positive Selbstinstruktion („Du schaffst das!"). Auch Rollenspiele stellen eine gute Möglichkeit dar, um soziale Kompetenzen zu erproben und einzuüben. In Kooperationsspielen kann zudem das Einnehmen und Aushandeln von Rollen, das Vereinbaren von Regeln und kooperative Verhaltensweisen geübt werden.

Existierende Förderprogramme für den Kindergarten
Welche Programme zur Förderung sozial-emotionaler Kompetenzen gibt es bereits?

Im deutschen Sprachraum wurden bereits einige Programme zur Förderung der sozial-emotionalen Kompetenz entwickelt und wissenschaftlich evaluiert. Zu nennen sind hier vor allem die Programme „Papilio" (Mayer et al., 2007), „Lubo aus dem All" (Hillenbrand et al., 2009) sowie das „Verhaltenstraining im Kindergarten" (Koglin & Petermann, 2009). Alle drei Programme liegen als Manuale vor, in denen das Konzept sowie verwendete Materialien erläutert und konkrete Durchführungshinweise gegeben werden. Die Programme sind kindgerecht gestaltet und bedienen sich Bewegungsspielen, musikalischer und gestalterischer Elemente zur Vermittlung ihrer Zielsetzungen. Im Programm „Lubo aus dem All" und im „Verhaltenstraining im Kindergarten" führen Handpuppen, die in eine Rahmengeschichte integriert sind, durch die einzelnen Sitzungen des Programms. Bei „Lubo aus dem All" etwa reist Lubo, der Außerirdische, auf die Erde, um etwas über Gefühle, Freundschaften und ein gutes Miteinander zu lernen. Er stößt dabei immer wieder auf soziale Probleme und die Kinder helfen Lubo bei der Lösung dieser und damit auch sich selbst. Das „Verhaltenstraining im Kindergarten" ist eingebettet in die Geschichte der Meerkinder Sina und Benny, die im Meerkindergarten unterschiedliche Situationen erleben, die von dem Delfin Finn (eine Handpuppe) erzählt werden. Bei „Papilio" dient die Geschichte *Paula und die Kistenkobolde*, in der Paula die Kobolde Heulibold, Zornibold, Bibberbold und Freudibold begegnen, als Aufhänger für das Sprechen über die Basisemotionen Angst, Trauer, Freude und Wut. Diese Geschichte wird den Kindern mittels diverser Bild- und Tonmaterialen vermittelt. Auch in den anderen beiden Programmen werden unterschiedliche Bildkarten mit Emotionsausdrücken (Angst, Trauer, Freude, Wut bzw. Scham) als Gesprächsgrundlage zu bestimmten Situationen der Rahmengeschichte sowie alltäglichen Konflikten aus dem Kindergartenalltag genutzt. Alle drei genannten Programme zielen auf die *Förderung sozial-emotionaler Kompetenzen* ab. Dies wird insbesondere zur Prävention von Verhaltensstörungen bzw. der Reduktion bereits bestehender Verhaltensauffälligkeiten als unabdingbar erachtet (z. B. bei oppositionell-aggressivem oder sozial unsicherem Verhalten). Die Förderung sozial-emotionaler Kompetenzen umfasst in allen genannten Programmen das Trainieren von Emotionsausdruck, Emotionsvokabular, Emotionsregulation und Emotionswissen sowie der Aneignung prosozialen Verhaltens und neuer Verhaltensmöglichkeiten in Konfliktsituationen (siehe Tab. 3, S. 38).

Geschlechtshomogene Jungengruppen
Warum macht es Sinn, mit einer Jungengruppe zu arbeiten?

Die pädagogische Arbeit in geschlechtshomogenen Gruppen ist in vielen Fällen sinnvoll. Beispielsweise können dadurch Störfaktoren vermieden werden, die in gemischtgeschlechtlichen Gruppen auftreten. So können in manchen Schulfächern (z. B. im Mathematikunterricht) Lernbarrieren für Mädchen abgebaut werden, die durch geschlechtsspezifische Rollenerwartungen entstehen („Mädchen können kein Mathe"). Trotzdem wird dieser Ansatz oft kontrovers diskutiert. Einige Fachleute sehen diese Arbeitsweise sehr kritisch, weil sie der Auffassung sind, dass gerade dadurch sozialkulturelle Geschlechterunterschiede aufrechterhalten und verstärkt werden. In diesem Zusammenhang wird befürchtet, dass der Findungsprozess der eigenen Geschlechtsidentität durch die Geschlechtertrennung eher ungünstig beeinflusst werden könnte (vgl. Bernhard, 2016). Obwohl dieser Einwand prinzipiell ernstgenommen werden muss, bieten geschlechtshomogene Gruppen manchmal auch wertvolle Chancen für eine geschlechtssensible Pädagogik – auch und insbesondere für die Arbeit mit Jungen.

Eine ganze Reihe von Argumenten spricht dafür, gerade bei dem eher weiblich besetzten Thema „Gefühle", mit homogenen Jungengruppen zu arbeiten. Besonders wichtig erscheint uns, dass es Jungen leichter fällt, dieses Thema im positiven Sinne für sich zu entdecken, wenn keine Mädchen anwesend sind. In gemischtgeschlechtlichen Gruppen wäre das Risiko viel größer, dass Gefühle schnell als „etwas für Mädchen" eingeordnet (und abgewertet) werden. Zugleich stellt eine Jungengruppe einen wirksamen Resonanzboden für die besprochenen Themen dar. Gerade weil die Gruppe der gleichgeschlechtlichen Peers einen so wichtigen Einflussfaktor darstellt, können auch sozial-

	„Papilio" (Mayer et al., 2007)	„Lubo aus dem All" (Hillenbrand et al., 2009)	„Verhaltenstraining im Kindergarten" (Koglin & Petermann, 2009)
Gruppengröße	Kindergartengruppe	10–12 Kinder	Bis zu 18 Kinder
Alter der Kinder	3–7 Jahre	4–6 Jahre	3–6 Jahre
Frequenz	2× pro Woche, über Zeitraum von einem Jahr Besonderheit: „Paula und die Kistenkobolde" (8 Einheiten á 30–40 Minuten)	3× pro Woche, 34 Sitzungen á 40 Minuten	2× pro Woche 25 Sitzungen á 30–40 Minuten
Methoden / Materialien	• „Paula und die Kistenkobolde" (Bild & Tonmaterial) • Spielzeug-macht-Ferien-Tag • „Meins-deinsdeins-Unser"-Spiel • Lesebuch/CD/DVD • Elternclubs	• Rahmengeschichte • Handpuppe Lubo • Buddy-Prinzip • Gefühlswetterbericht • Problemlösekreislauf • Rollenspiele • Token-System	• Rahmengeschichte • Handpuppe • Bildvorlagen • Rollenspiele • Regel und Erinnerungskarten • Token-System • 1× Elternabend
Zielsetzung	• Emotionswissen, -regulation und -ausdruck • Förderung der Interaktion in der Gruppe • Verbesserung des Sozialverhaltens • Transfer von Themen in den Familienalltag	• Emotionswissen, -regulation und -ausdruck • Aufbau eines positiven Gruppengefühls • Wert von Freundschaft vermitteln • Problemlösestrategien erlernen • Verbesserung des Sozialverhaltens	• Emotionswissen, -regulation und -ausdruck • Ursachen von Konflikten erlernen • Verschiedene Handlungsmöglichkeiten erlernen • Verbesserung des Sozialverhaltens • Transfer der Themen in den Familienalltag

Tab. 3: Drei ausgewählte Programme zur Förderung sozial-emotionaler Kompetenzen im Vergleich

emotionale Lernprozesse besonders wirksam beeinflusst werden. In Jungengruppen können Jungen eher Rollen und Handlungsweisen erproben, die im Alltag häufig von Mädchen „besetzt" sind – wer tröstet zum Beispiel einen im Spiel gefallenen Jungen, wenn gerade kein Mädchen da ist? Durch die geschlechtshomogene Gruppe können Jungen ihr soziales Handlungsspektrum erweitern und ihre eigenen Emotionen besser kennen lernen. Dies ist auch für die Peergruppe von großer Bedeutung, da Jungen in der Kita häufig Verhaltensweisen zeigen, die nicht immer „sozialverträglich" sind. Tendenziell führt das platzeinnehmende, dominante und lautstarke Verhalten einiger Jungen im Kindergarten eher zu Konflikten, was wiederum zu Verunsicherung dieser Jungen führt. Im geschlechtshomogenen Setting können Erzieherinnen und Erzieher mit den Jungen über deren Kommunikation, Interaktion und Gruppenhierarchie und -struktur sprechen. Die Erfahrung in Jungengruppen zeigt, dass Jungen Ängste, Gefühle und schwierige Themen im geschlechtshomogenen Setting leichter ansprechen und bearbeiten. Diese Lernerfahrungen befähigen sie, später neu bzw. anders auf andere Menschen zuzugehen, insbesondere auf Mädchen und Frauen (vgl. Rohrmann & Wanzeck-Sielert, 2014).

Die Förderung sozial-emotionaler Kompetenzen bei Jungen im Vorschulalter
Was ist das Besondere an dem Programm „Gefühlsabenteurer"?

Der Ausgangspunkt des in diesem Buch beschriebenen Programms „Gefühlsabenteurer" war die einfache Idee, Jungen in ihrer emotionalen und sozial-emotionalen Entwicklung zu unterstützen. Damit sollte ein Beitrag geleistet werden, Jungen wichtige Lernerfahrungen jenseits stereotyper Männlichkeitsbilder anzubieten. Obwohl diese Geschlechtsstereotypen in den vergangenen Jahren zu bröckeln begannen, sind sie in hohem Maße änderungsresistent. Gesellschaft, Politik und Wissenschaft arbeiten mehr oder minder energisch an einer Gleichstellung der Geschlechter bzw. daran, dass aufgrund des biologischen Geschlechts keine Nachteile entstehen dürfen. Nicht nur für Mädchen, sondern auch und gerade für Jungen ist es unserer Meinung nach sehr wichtig, dass ihnen Erfahrungsräume bereitgestellt werden, in denen sie eine positive, nicht durch rigide Vorgaben beeinträchtigte Geschlechtsidentität aufbauen können.

Das sozialpädagogische Gruppenprogramm „Gefühlsabenteurer" soll Jungen daher in erster Linie einen sicheren Raum bieten, in dem sie ein individuelles Verständnis davon entwickeln können, was es bedeutet ein Junge zu sein – mit allen Emotionen, Schwächen und Unsicherheiten. Das Gruppenprogramm unterstützt Jungen somit in der Ausformung einer reflektierten Geschlechtsidentität.

Als zentralen Baustein des sozialpädagogischen Gruppenprogramms „Gefühlsabenteurer" sehen wir *die kindzentrierte Förderung sozial-emotionaler Kompetenzen*. Die Evaluationen existierender Programme (z. B. „Papilio", „Lubo aus dem All", „Verhaltenstraining im Kindergarten" etc.) zeigen, dass die Förderung der sozial-emotionalen

Kompetenzen bei Kindern eine Vielzahl von Fähigkeiten, u. a. Emotionswahrnehmung, -ausdruck, -vokabular und Empathie, schult. Diese emotionalen und sozialen Fähigkeiten bilden die Basis für die Aufnahme, den Ausbau und die Aufrechterhaltung gelingender Beziehungen – zunächst primär in der Gleichaltrigengruppe und später gegenüber allen anderen wichtigen Menschen. Durch das sozialpädagogische Gruppenprogramm sollen Jungen in ihren sozial-emotionalen Fähigkeiten gefördert werden. Wir sehen in der Entwicklung sozial-emotionaler Kompetenzen einen psychologischen Schutzfaktor, der zu einer gesunden psychosozialen Entwicklung von Kindern, hier im Besonderen von Jungen, beiträgt.

Carroll Izard (1923–2017), einer der wichtigsten Forscher auf dem Gebiet der Emotionspsychologie, kam bei der Auswertung bestehender Programme zur Förderung sozial-emotionaler Kompetenzen zu dem Ergebnis, dass in solchen Fördermaßnahmen das Erleben positiver Emotionen möglichst stark fokussiert werden sollte. In vielen Programmen werde der Schwerpunkt zu einseitig auf die Selbstregulation von negativ besetzten Emotionen (z. B. Wut und Zorn) gelegt. Das gemeinsame Erleben von positiv besetzten Emotionen (z. B. Freude und Stolz) komme im Vergleich dazu zu kurz, obwohl diese eine zentrale Rolle bei der Entwicklung psychologischer Ressourcen spielen. Aus wissenschaftlichen Studien ist zudem bekannt, dass das gemeinschaftliche Erleben positiver Emotionen den Aufbau von sozialen Beziehungen in der Gleichaltrigengruppe erleichtert und sich positiv auf das kindliche Lernverhalten auswirkt. Deswegen sieht es Izard als wichtig an, bei der Konzeption solcher Förderprogramme auch die positiven Emotionen stärker zu berücksichtigen als bisher (vgl. Izard, 2002). Vor diesem Hintergrund haben wir diesen Aspekt sehr bewusst in unser Programm aufgenommen. Das sozialpädagogische Gruppenprogramm „Gefühlsabenteurer" zielt deutlich stärker als andere Förderprogramme darauf ab, das Erleben positiver Emotionen zu thematisieren und zu fördern. Dabei kommen Aufgaben und Spiele mit leicht erreichbaren Zielen und Erfolgserfahrungen zur Anwendung. Diese sollen sowohl Freude machen als auch das Selbstwirksamkeitsgefühl der Jungen stärken. Ergänzend werden aber auch Gruppenaufgaben realisiert, die nur gemeinschaftlich gelöst werden können. Damit wird nicht nur das Gemeinschaftsgefühl gestärkt, sondern auch die Fähigkeit zu Kooperation und Interaktion.

Da sozial-emotionale Kompetenzen primär in der sozialen Interaktion gelernt werden, ist *der Gruppenkontext* ein weiterer wichtiger Grundpfeiler des Programms. Wie bestehende, evaluierte Förderprogramme zeigen, eignen sich insbesondere Rahmengeschichten, Handpuppen, Bildvorlagen zu Gefühlsausdrücken und Rollenspiele, um die gewünschten Inhalte der Gruppe altersgerecht vermitteln zu können. Die auf lerntheoretischen Paradigmen basierenden Methoden und Techniken sind gut geeignet, nachhaltige soziale Lernprozesse im Sinne der Programmziele zu initiieren.

Mit dem sozialpädagogischen Gruppenprogramm „Gefühlsabenteurer" steht somit ein innovatives Konzept zur Verfügung, das im Vergleich zu anderen Programmen zur

Förderung sozial-emotionaler Kompetenzen eine Reihe von Besonderheiten aufweist: Die Zielgruppe der Maßnahme sind Jungen, bei denen im Sinne der geschlechtssensiblen Pädagogik ein spezifischer Förderbedarf gesehen wird. Konsequenterweise wird das Programm in einer geschlechtshomogenen Gruppe durchgeführt. In der Gruppe werden bis zu 10 Jungen im Vorschulalter (fünf bis sechs Jahre) von idealerweise zwei Anleiterinnen bzw. Anleitern gefördert und begleitet. Durch die kleine Gruppengröße kann ein optimales Lernklima gewährleistet werden, in dem alle teilnehmenden Jungen aktiv einbezogen werden. Und natürlich wird – wie bereits ausführlich beschrieben – der Bedeutung positiver Emotionen deutlich mehr Aufmerksamkeit eingeräumt als in anderen Förderprogrammen.

Sehr wichtig ist es auch, die Kinder immer in Bezug auf ihre Lebenswelt und ihre Familie zu sehen. Einen nachhaltigen Effekt kann das Förderprogramm am ehesten dann entfalten, wenn es im Alltag und in der Lebenswelt der Kinder bleibende Spuren hinterlässt. Aus diesem Grund sollten auch die Eltern eingeladen werden, an den Lernerfahrungen ihres Kindes teilzuhaben und dadurch neue Anregungen für den familiären Alltag zu bekommen. Aus diesem Grund ist die Elternarbeit ein weiteres wichtiges Element des vorliegenden Gruppenprogramms. Ein Informationsabend, kurze Elternbriefe während der Durchführung und ein abschließender Elternabend, bei dem Erfahrungen ausgetauscht und Fragen gestellt werden können, sehen wir als wichtige und notwendige Ergänzung zu der sozialpädagogischen Gruppenarbeit mit den Jungen.

Last but not least sprechen übrigens auch ökonomische Argumente für das vorliegende Gruppenprogramm „Gefühlsabenteurer": es ist im Vergleich zu anderen Förderprogrammen mit einem relativ geringen Ressourcenaufwand realisierbar. Welche Voraussetzungen und Bedingungen wichtig für eine erfolgreiche Durchführung sind, wird in diesem Buch ausführlich beschrieben.

V

Das sozialpädagogische Gruppenprogramm „Gefühlsabenteurer"

V Das sozialpädagogische Gruppenprogramm „Gefühlsabenteurer"

In den folgenden Kapiteln werden die Rahmenbedingungen, der Aufbau und der Ablauf sowie das methodische Vorgehen des sozialpädagogischen Gruppenprogramms „Gefühlsabenteurer" detailliert beschrieben. Es handelt sich somit um ein *Manual*, das es pädagogischen Fachkräften[2] ermöglichen soll, sämtliche Einheiten des Gruppenprogramms professionell vorzubereiten und durchzuführen. Zugleich kann das Konzept je nach institutionellen Voraussetzungen, Gruppengröße und Gruppenzusammensetzung leicht angepasst und variiert werden. Da es bei der praktischen Umsetzung erfahrungsgemäß auch zu Verzögerungen und unvorhergesehenen Ereignissen kommt, sind die im Manual aufgeführten zeitlichen Angaben als Orientierungswerte zu verstehen, die nötigenfalls flexibel gehandhabt werden sollten. Von zentraler Bedeutung ist es allerdings, dass der beschriebene Ablauf der Gruppentreffen tatsächlich eingehalten wird. Alle beschriebenen Einheiten sollten in der vorgegebenen Reihenfolge durchgeführt werden. Ergänzende Elemente und Übungen, die das Gruppenprogramm erweitern bzw. die bei der Durchführung variabel eingesetzt werden können, sind im weiteren Verlauf deutlich als solche gekennzeichnet.

1. Konzeption und Aufbau des Gruppenprogramms

1.1 Überblick

Im Folgenden werden zunächst die allgemeinen Rahmenbedingungen und übergeordneten Leitgedanken des sozialpädagogischen Gruppenprogramms dargestellt. Die Basis des Gruppenprogramms „Gefühlsabenteurer" bilden insgesamt zehn Gruppentreffen („Einheiten") mit einer jeweiligen Dauer von ca. 60 Minuten. Nach unserer Erfahrung ist es sinnvoll, die Einheiten im wöchentlichen Abstand mit einer festgelegten Anfangszeit durchzuführen. Ein fester, relativ engmaschiger Rhythmus vermittelt den teilnehmenden Jungen Verlässlichkeit und Sicherheit und hilft dabei, die Themen der Arbeitstreffen im Alltag zu verankern. Nach Möglichkeit sollte der Zeitrahmen von 60

---

[2] War bisher hauptsächlich von Erzieherinnen und Erziehern die Rede, möchten wir im Praxisteil nun ganz bewusst den Begriff *pädagogische Fachkraft* einführen und verwenden. Darunter verstehen wir das gesamte Spektrum pädagogisch ausgebildeter Personen in Kitas und Kindergärten. Für die Leitungspersonen des sozialpädagogischen Gruppenprogramms verwenden wir den Begriff *anleitende (pädagogische) Fachkraft*, um diese im Zweifel von den übrigen pädagogischen Fachkräften der Einrichtung zu unterscheiden. Mit diesen geschlechtsneutralen Begriffen möchten wir einen Beitrag zur Gleichstellung aller Geschlechter leisten.

Minuten konsequent eingehalten werden, da es für die Jungen schwierig ist, sich länger zu konzentrieren. Von einer Durchführung des Gruppenprogramms als Kompakttrainings (z. B. innerhalb einer einzigen Woche) raten wir grundsätzlich ab, da dies für die Jungen eine Überforderung darstellen würde. Zudem dürfte ein solches Vorgehen wenig effektiv sein, weil die Jungen nicht die Möglichkeit hätten, das Gelernte zwischen den wöchentlichen Gruppentreffen zu verarbeiten und bereits in ersten kleinen Schritten in ihrem Alltag zu erproben.

Thematisch gliedern sich die zehn Einheiten des Gruppenprogramms in zwei größere inhaltliche Blöcke sowie eine zwischengeschaltete „Gefühlsolympiade":

- Im ersten Block (Einheit II-VI) liegt der Fokus auf der Förderung der emotionalen Kompetenz. Zu den Emotionen *Freude*, *Wut*, *Trauer*, *Angst*, *Scham* und *Stolz* werden Emotionsausdruck, Emotionsvokabular und Situationen, in denen die Emotion erlebt werden kann, besprochen.

- Zwischen dem ersten und zweiten Block bietet die sogenannte *Gefühlsolympiade* (Einheit VII) eine spielerische Wiederholung des bisher Gelernten und Besprochenen an.

- Aufbauend auf der Basis gezielt geförderter, emotionaler Kompetenzen schließt sich der zweite Block (Einheit VIII-IX) an. Den Schwerpunkt bildet hier die Förderung der sozial-emotionalen Kompetenz.

Die in den Gruppentreffen behandelten Emotionen des ersten Blocks werden in sozialen, den Kindern bekannten Situationen angewendet und besprochen. Dieser Block soll vor allem zur Förderung von Perspektivübernahme, Konfliktbewältigungsstrategien und prosozialem Verhalten beitragen. Wie bereits im ersten theoretischen Teil des Buches erläutert wurde, ist die Ausformung sozialer Kompetenzen eng an die Entwicklung emotionaler Fertigkeiten gebunden. Zunächst benötigen die teilnehmenden Jungen ein grundlegendes Verständnis für Emotionsausdruck und -auslöser sowie adaptive Emotionsregulationsstrategien, um angemessene Verhaltensweisen in sozialen Interaktionen anwenden zu können. Ein einführendes und ein abschließendes Gruppentreffen (Einheiten I und X) runden das Programm ab.

1.2 Zielgruppe und Rahmenbedingungen

Zielgruppe. Das sozialpädagogische Gruppenprogramm „Gefühlsabenteurer" ist für Jungen im letzten Kita-Jahr vor ihrer Einschulung konzipiert (Alter: fünf bis sechs Jahre). Im Einzelfall ist es nach unserer Erfahrung auch möglich, dass auch etwas jüngere Jungen an dem Gruppenprogramm teilnehmen. Allerdings sollte dabei bedacht werden, dass Kinder entwicklungspsychologisch gesehen erst im Vorschulalter kognitiv in der Lage sind, die Perspektiven anderer Menschen einzunehmen und differenziert über die Bewertung ihres Verhaltens durch Dritte nachzudenken. Wie bereits eingangs ausführlich dargestellt wurde, ist die Zielgruppe im Sinne einer sozialpädagogischen Jungenarbeit bzw. Jungenpädagogik bewusst geschlechtshomogen gewählt.

Gruppengröße und Gruppenleitung. Um eine individuelle Förderung und um ein optimales Lernklima zu gewährleisten, empfehlen wir eine Gruppengröße von bis zu zehn Jungen. Idealerweise sollte die Gruppe durch zwei pädagogische Fachkräfte angeleitet werden.

Räumlichkeiten. Um alle Elemente des sozialpädagogischen Gruppenprogramms durchführen zu können, wird ein großer Raum benötigt. Ideal ist es, wenn eine Turnhalle oder ein Turnraum, ein Außengelände o. ä. genutzt werden können. Sofern ein weiterer kleiner Raum zur Verfügung steht, ist es sinnvoll, diesen ebenfalls zu nutzen (z. B. zum Basteln, wenn die Gruppe in zwei Kleingruppen aufgeteilt wird oder wenn einer der Jungen eine kurze Auszeit benötigt). Eine Turnhalle bietet den Vorteil, dass die Jungen ihre Konzentration länger aufrechterhalten können als in anregungsreicheren Räumen. Zudem bieten Bälle, Matratzen, Bänke und andere Utensilien, die in den meisten Turnräumen bereits zur Verfügung stehen, die Möglichkeit, die spielerischen und sportlichen Elemente des Gruppenprogramms attraktiv und abwechslungsreich zu gestalten.

Integration im Kita-Alltag. Erfahrungsgemäß möchten auch die Kinder, die nicht an dem sozialpädagogischen Gruppenprogramm teilnehmen, wissen, was es mit dem „Gefühlsabenteurern" auf sich hat. Deshalb ist es wichtig, dass das gesamte Team der Kita über die Zielsetzungen und Inhalte des Gruppenprogramms informiert ist. Dadurch ergeben sich erfahrungsgemäß vielfältige Chancen, die dort behandelten Themen im Kita-Alltag aufzugreifen. Speziell die teilnehmenden Jungen profitieren sehr davon, wenn sie das Gelernte auch außerhalb der wöchentlich stattfindenden Gruppentreffen thematisieren und anwenden können. Im Idealfall sollte das gesamte Team der Kita in irgendeiner Form in die Planung und Durchführung des Gruppenprogramms einbezogen sein. Es bietet sich z. B. an, das Gruppenprogramm in Teamsitzungen vorzustellen und gemeinsam zu überlegen, wie, wann und von wem es durchgeführt werden kann. Dabei kann auch besprochen werden, wie die übrigen Kolleginnen und Kollegen den sozial-emotionalen Lernprozess der Jungen unterstützen können. Beispiel: Wenn die Jungen im Gruppenprogramm gelernt haben, die Emotionen in einem Konflikt wahrzunehmen und zu benennen (Wut, Ärger), können die pädagogischen Fachkräfte dies gezielt aufgreifen, wenn es im Kita-Alltag tatsächlich zu einem Streit kommt (nähere Informationen dazu lassen sich in Kapitel 5 finden).

1.3 Pädagogische Haltung: Ressourcenorientiert und geschlechtersensibel

Die eigene pädagogische Haltung und das eigene pädagogische Vorgehen sind zwei Aspekte, bei denen es sich ganz besonders lohnt, noch einmal kurz genauer hinzuschauen, bevor sich pädagogische Fachkräfte die Umsetzung des sozialpädagogischen Gruppenprogramms „Gefühlsabenteurer" vornehmen. Als grundsätzlich förderlich sehen wir eine Haltung an, die Kinder in ihrer Individualität annimmt, ihnen mit Wertschätzung, Achtung, Offenheit und Respekt begegnet und auf Zuwendung, Aufmerksamkeit und Interesse ausgerichtet ist. In diesem Zusammenhang kann die Positive Psychologie wertvolle Impulse geben. Die Positive Psychologie richtet ihren Blick konsequent auf die Ressourcen, die Stärken und das persönliche Wachstum von Menschen allgemein und von Kindern im Besonderen (vgl. Blickhan, 2015). Insbesondere ein positives Selbstkonzept und positive Emotionen im Hinblick auf Vergangenheit, Gegenwart und Zukunft werden als wesentliche Voraussetzungen für persönliches Glück und Wachstum betrachtet (vgl. Seligman, 2004; 2006). Aus Sicht der Positiven Psychologie können Eltern und pädagogische Fachkräfte einen wichtigen Beitrag dafür leisten, dass Kinder ein positives Selbstkonzept aufbauen und sich gemäß ihren individuellen Stärken optimal entwickeln (vgl. Tomoff, 2017). Die gezielte Anregung und Stärkung positiver Emotionen initiiert bei Kindern eine „positive Aufwärtsspirale" in der Persönlichkeitsentwicklung.

Bei der Durchführung des Programms „Gefühlsabenteurer" ergeben sich hierfür zahlreiche Möglichkeiten, z. B. durch positive Gespräche über Gefühle im Zusammenhang mit Erlebnissen und bevorstehende Ereignissen („Was war dein schönstes Erlebnis?"; „Worauf freust du dich, wenn du an morgen denkst?"). Darüber hinaus sollen den Kindern Erfahrungen ermöglicht werden, die ihre Autonomie, ihre Selbstwirksamkeit und ihre Fähigkeit zur Selbstreflexion stärken. Eine solche Haltung trägt dazu bei, dass Kinder optimistische Einstellungen zu sich selbst, ihrer Umwelt und der Zukunft aufbauen (Seligman, 2006). Ebenso begünstigt sie den Aufbau einer vertrauensvollen Beziehung zwischen Kindern und anleitenden Fachkräften, welche Grundlage für einen erfolgreichen pädagogischen Prozess ist. Eine vorgelebte, wertschätzende Haltung dient Kindern immer auch als Modellvorlage, anhand derer sie sich orientieren und entwickeln können. Infolgedessen ist es während der Durchführung des Gruppenprogramms wichtig und notwendig, die eigenen Sichtweisen, Einstellungen und Handlungen zu hinterfragen und zu reflektieren. Gerade in Hinblick auf die Vermittlung sozialemotionaler Kompetenzen signalisieren pädagogische Fachkräfte, die sich und ihr Verhalten selbst noch einmal genau unter die Lupe nehmen, dass sie nicht unfehlbar sind und ihre Schwächen, Unsicherheiten und verunglückten Interaktionen bemerken und verbalisieren können. Wenn pädagogische Fachkräfte selbst ein Interesse daran haben, ihre eigenen Gefühle und Handlungen zu erforschen, werden sie auch die Kinder nachhaltig dafür begeistern können.

Eine weitere Besonderheit des sozialpädagogischen Gruppenprogramms „Gefühlsabenteurer" ist das geschlechtshomogene Setting, das ebenfalls einer reflektierten Haltung bedarf. Pädagogische Fachkräfte, die das Gruppenprogramm durchführen wollen, müssen kompetent und sensibel im Umgang mit Geschlecht bzw. Gender sein. Um nicht ungewollt zur Verfestigung stereotyper Männlichkeitsbilder bei den Jungen beizutragen, ist *Genderkompetenz* aufseiten der anleitenden Fachkräfte des sozialpädagogischen Gruppenprogramms unabdingbar.

Nach unserer Erfahrung bietet die Durchführung des Gruppenprogramms durch männliche, pädagogische Fachkräfte spezifische Vorteile. Diese stellen im Idealfall positive gleichgeschlechtliche Rollenmodelle dar, mit denen sich die Jungen besonders gut identifizieren können. Doch bekanntermaßen ist der Anteil von männlichen Erziehern in Kindergärten und Kitas bis heute sehr gering (seit 2016 zum ersten Mal knapp über 5 Prozent). Dadurch ist es im Elementarbereich meist sehr schwierig, ein jungenpädagogisches Angebot speziell von Männern für Jungen anzubieten. Aus diesem Grund ist das Gruppenprogramm „Gefühlsabenteurer" so konzipiert, dass es ohne weiteres auch von weiblichen Fachkräften (ggf. mit einem männlichen Kollegen) durchgeführt werden kann. Unabdingbar ist in jedem Fall eine ernsthafte, bewusste Auseinandersetzung mit der eigenen Geschlechterrolle und den Besonderheiten der männlichen Sozialisation. Ein paar nähere Ausführungen hierzu lassen sich im nachfolgenden Kasten finden.

> ***Pädagogik im geschlechtsheterogenen Rahmen***
>
> *Für weibliche Fachkräfte kann es eine besondere Herausforderung sein, Jungen in die Welt der Gefühle zu begleiten. Gerade in geschlechtsgemischten Gruppen kann es passieren, dass einzelne oder mehrere Jungen ihre Männlichkeit im Sinne des doing gender besonders herausstellen – diese Situation kann Jungen dazu animieren, aktiv Geschlechterunterschiede zu betonen oder gar Grenzen zu überschreiten (vgl. Focks, 2016). Dies kann dazu führen, dass sich Jungen beispielsweise dem Angebot „Wir reden heute über Gefühle" eher verschließen. Sie erleben das Dilemma, dass dies eher „etwas für Mädchen" ist, sie aber „richtige Jungen" sein sollen bzw. wollen. Weibliche Fachkräfte sollten dem reservierten Verhalten von Jungen mit einer verständnisvollen und respektierenden Haltung begegnen. Es ist wichtig, die hinter „typisch männlichem" Rollenverhalten verborgenen Bedürfnisse der Jungen ernst zu nehmen und aufzugreifen. Deswegen sollten gerade auch weibliche Fachkräfte dazu bereit sein, sich bewusst auf neue und ungewohnte Angebote einzulassen. Dazu kann gehören, auch einmal einen Wettkampf (mit klaren Regeln) zuzulassen oder Aktivitäten vorzuschlagen, mit denen sie bislang vielleicht nur wenige Erfahrungen gemacht haben, wie etwa Klettern, Fußball spielen etc. (vgl. Rohrmann & Wanzeck-Sielert, 2014). Dies kann der Türöffner sein, um im nächsten Schritt Raum für Experimente und neue Erfahrungen bereitzustellen, sodass vermeintlich männliche oder weibliche Verhaltensweisen relativiert und hinterfragt werden können.*

> *Obwohl es selbstverständlich möglich ist, dass weibliche Fachkräfte mit reinen Jungengruppen arbeiten, sollte – falls dies möglich ist – eine geschlechtsheterogene Anleitung durch eine männliche und eine weibliche Fachkraft realisiert werden. Jungen können dadurch die Erfahrung machen, dass z. B. Gefühle für Frauen und Männer gleichermaßen wichtig sind (vgl. Schweighofer-Brauer, 2011). Durch das gemeinsame Reflektieren und Tun erfahren Jungen Alternativen zu stereotypen weiblichen und männlichen Rollenbildern. Nicht ersetzen können weibliche Fachkräfte allerdings männliche Rollenmodelle, die Jungen für die Entwicklung ihrer Geschlechtsidentität benötigen. Hierfür sind „starke Männer" gefragt, die positive Vorbilder für Jungen sind – zum Beispiel Väter, Pädagogen, Betreuer und Trainer.*

1.4 Zielsetzungen

Die übergeordnete Zielsetzung des Gruppenprogramms „Gefühlsabenteurer" ist die Förderung emotionaler und sozialer Kompetenzen bei Jungen im Vorschulalter. Dabei werden die emotionale Kompetenz und die soziale Kompetenz als Bereiche betrachtet, die sich in hohem Maße wechselseitig bedingen. Kinder frühzeitig in der Entwicklung sozial-emotionaler Kompetenzen zu unterstützen, schafft folglich einen psychologischen Schutzfaktor und die Basis einer gesunden psychosozialen Entwicklung. Folgende fünf Zielsetzungen sind zentral für das Gruppenprogramm „Gefühlsabenteurer":

- ***Förderung der Introspektionsfähigkeit und der Empathie.*** Die Jungen sollen darin unterstützt werden, ein besseres Bewusstsein über ihre eigenen Emotionen zu entwickeln. Zudem soll ihre Fähigkeit gefördert werden, die Emotionen des Gegenübers, je nach Situation und Gefühlsausdruck, erkennen zu können. Damit soll ihre Fähigkeit verbessert werden, die Perspektive anderer Menschen einnehmen und empathisch auf sie eingehen zu können. Die Jungen sollen ferner dafür sensibilisiert werden, dass der innere emotionale Zustand nicht unbedingt mit dem äußeren Emotionsausdruck übereinstimmen muss.

- ***Förderung der Gefühlskommunikation.*** Ziel ist, dass die teilnehmenden Jungen einen differenzierteren Emotionswortschatz erlernen und diesen auf die Emotionsmimik von anderen Menschen anwenden können. Den Jungen soll ein erweitertes Wissen vermittelt werden, dass soziale Beziehungen von Emotionen und der emotionalen Kommunikation beeinflusst werden.

- ***Förderung des Umgangs mit (schwierigen) Gefühlen („Emotionsregulation").*** Neben der Wahrnehmung und dem Verstehen von Gefühlen sollen die Jungen lernen, insbesondere schwierige Gefühle (wie z. B. Wut und Trauer) verändern oder aushalten und akzeptieren zu können. Die Jungen werden unterstützt, ein inneres Modell zur Erklärung von Gefühlen zu entwickeln, das die Basis für die Entwicklung von Strategien zur Veränderung bzw. Akzeptanz bestimmter Gefühle bildet. Solche Strategien zum Umgang mit Gefühlen werden gemeinsam mit den Jungen erarbeitet oder aber von den pädagogischen Fachkräften und Protagonisten des Trainings vermittelt.

- *Förderung ausgewählter sozialer Kompetenzen (v.a. prosozialen Verhaltens).* Die Jungen sollen ferner lernen, angemessen mit problematischen sozialen Situationen umzugehen. Dazu gehört z. B., alle Perspektiven in einem Konflikt zu berücksichtigen und friedliche bzw. einvernehmliche Lösungen zu finden. Voraussetzung dafür ist ein angemessener Umgang mit (schwierigen) Emotionen. Darüber hinaus soll die Fähigkeit gefördert werden, Kompromisse einzugehen, zu teilen und in der Gemeinschaft ein Ziel zu erreichen. Darüber hinaus können Jungen, die eher zurückhaltend sind, darin unterstützt werden, ihre Bedürfnisse offener mitzuteilen und auch einmal „Nein" zu sagen. Andere Jungen können darin gefördert werden, andere Personen um Hilfe zu bitten und diese anzunehmen.

- *Förderung eines positiven Selbstkonzepts.* Die Jungen sollen schließlich auch darin unterstützen werden, Selbstwertgefühl, Selbstvertrauen und Selbstwirksamkeit aufzubauen. Deswegen umfasst das Gruppenprogramm Anforderungssituationen (z. B. Kooperationsspiele), in denen sie in diesem Sinne positive Lernerfahrungen machen können. Selbstwirksamkeit entsteht aus der immer wieder gemachten Erfahrung, etwas aus eigener Kraft geschafft zu haben und etwas zu können. Ziel ist es demnach, den teilnehmenden Jungen durch die Auswahl geeigneter pädagogischer Angebote ein positives Selbstwirksamkeitserleben zu ermöglichen. Damit einhergehend soll das Erleben von positiven Emotionen (wie Freude und Stolz) gesteigert bzw. gefördert werden.

1.5 Tabellarische Übersicht zu Aufbau, Struktur und Zielsetzung

Die nachfolgende Tabelle (Tab. 4, S. 52 und 53) gibt einen zusammenfassenden Überblick über den Aufbau sowie die Struktur des sozialpädagogischen Gruppenprogramms und verdeutlicht die in den einzelnen Sitzungen angestrebten Zielsetzungen hinsichtlich der Förderbereiche der emotionalen bzw. sozial-emotionalen Kompetenzen.

Thema der Einheit	Zielsetzung
„Ankommen und Kennenlernen" (I)	✓ Schaffung eines positiven, interessanten, wertschätzenden Lernumfelds ✓ Stärkung des Gruppenzusammenhalts ✓ Erleben positiver Emotionen
„Freude" (II)	✓ Die Emotion „Freude" wahrnehmen und benennen lernen ✓ Vermittlung von Wissen und Verständnis über Situationen, in denen man sich freut ✓ Erarbeitung des entsprechenden Emotionsvokabulars ✓ Förderung von Zusammenhalt und Kooperation ✓ Erleben positiver Emotionen
„Wut" (III)	✓ Die Emotion „Wut" wahrnehmen und benennen lernen ✓ Vermittlung von Wissen und Verständnis über Situationen, in denen man sich ärgert und wütend ist ✓ Erarbeitung des entsprechenden Emotionsvokabulars ✓ Entwicklung von adaptiven Emotionsregulationsstrategien im Umgang mit Wut ✓ spielerische Stärkung des Selbstwertgefühls
„Trauer" (IV)	✓ Die Emotion „Trauer" wahrnehmen und benennen lernen ✓ Vermittlung von Wissen und Verständnis über Situationen, in denen man traurig ist ✓ Erarbeitung des entsprechenden Emotionsvokabulars ✓ Entwicklung von adaptiven Emotionsregulationsstrategien im Umgang mit Trauer ✓ Förderung von Empathie ✓ Einüben prosozialen Verhaltens
„Angst" (V)	✓ Die Emotion „Angst" wahrnehmen und benennen lernen ✓ Vermittlung von Wissen und Verständnis über Situationen, in denen man sich ängstigt/fürchtet ✓ Erarbeitung des entsprechenden Emotionsvokabulars ✓ Entwicklung von adaptiven Emotionsregulationsstrategien im Umgang mit Wut ✓ Förderung von Empathie ✓ Einüben prosozialen Verhaltens

„Scham und Stolz" (VI)	✓ Die Emotionen „Scham" und „Stolz" wahrnehmen und benennen lernen ✓ Vermittlung von Wissen und Verständnis über Situationen, in denen man sich schämt oder stolz ist ✓ Erarbeitung des entsprechenden Emotionsvokabulars ✓ Entwicklung von adaptiven Emotionsregulationsstrategien im Umgang mit Scham ✓ Förderung von Empathie ✓ Einüben prosozialen Verhaltens ✓ Stärkung des Selbstbewusstseins ✓ Erleben positiver Emotionen
„Gefühlsolympiade" (VII)	✓ Festigung der bis dato thematisierten Inhalte und emotionalen Kompetenzen durch spielerische Wiederholung ✓ Stärkung der Selbstwirksamkeit und des Selbstwertgefühls
„Soziale Situationen bewältigen lernen I" (VIII)	✓ Konflikte erkennen und bewältigen lernen ✓ Förderung der Entwicklung von positiven Problemlösestrategien und alternativen Verhaltensweisen (Kompromisse eingehen und kooperativ handeln) ✓ Förderung von Perspektivübernahme und Empathie in sozialen (Problem-)Situationen ✓ Einüben der erarbeiteten Problemlösungen
„Soziale Situationen bewältigen lernen II" (IX)	✓ Konflikte erkennen und bewältigen lernen ✓ Förderung der Entwicklung von positiven Problemlösestrategien und alternativen Verhaltensweisen (Kompromisse eingehen und kooperativ handeln) ✓ Förderung von Perspektivübernahme und Empathie in sozialen (Problem-)Situationen ✓ Einüben der erarbeiteten Problemlösungen
„Abschluss" (X)	✓ Wiederholung der zentralen Inhalte des Gruppenprogramms im Gruppengespräch ✓ Erleben positiver Emotionen

Tab. 4: Übersicht zu den Inhalten und Zielsetzungen der einzelnen Einheiten

2. Verwendete Figuren, Methoden und Materialien

Die im Kasten aufgeführten Methoden und Materialien des Gruppenprogramms werden auf den kommenden Seiten näher vorgestellt. Diese sind bewusst abwechslungsreich gestaltet und in besonderem Maße auf den Entwicklungsstand und die Interessen von Jungen im Vorschulalter zugeschnitten. Die konkrete Durchführung bzw. Anwendung der Methoden wird dabei anhand praktischer Hinweise detailliert erläutert.

Ergänzend zu diesem Buch stehen auf der Homepage des Verlages zahlreiche Materialien zum Download bereit, die bei der Durchführung des Gruppenprogramms eingesetzt werden können (siehe Link auf S. 4). Es handelt sich u. a. um die nachfolgenden Illustrationen, Anleitungen, Vorlagen, Elternbriefe und Urkunden:

1. Die Protagonisten Pip und Pino
2. Das Piratenlied
3. Die Gefühlsszenenbilder, Gefühlsbuttons und Piratenrunden
4. Die Schatzkiste
5. Bewegungs-, Kooperations- und selbstwertsteigernde Spiele
6. Rollenspiel: Das Piratentheater
7. Ausmalbilder
8. Ergänzende Bausteine: Entspannungstechniken und Traumreisen

2.1 Die Protagonisten Pip und Pino

Das sozialpädagogische Gruppenprogramm „Gefühlsabenteurer" ist in eine Rahmengeschichte eingebettet, die unterschiedliche Aspekte der pädagogischen Arbeit mit Vorschuljungen aufgreift. Viele Jungen begeistern sich in dieser Zeit für Fantasiewelten und Abenteuer. Ein spannendes Piratenabenteuer rund um Segelschiffe, Schätze, Säbel und Kanonen kommt bei den meisten Jungen im Vorschulalter gut an und weckt Begeisterung und Interesse. Die Rahmengeschichte des sozialpädagogischen Gruppenprogramms handelt daher von einem fünfjährigen Piratenjungen namens *Pip*, der zusammen mit seinem sehr erfahrenen Piratenpapageien *Pino* diverse Abenteuer in der Welt der Gefühle erlebt (siehe Abb. 1, S. 55).

Abb. 1: Pip und Pino

Der Papagei Pino führt als Handpuppe[3] (Abb. 2) durch das Training, indem er den Kindern von den Vorkommnissen auf der Pirateninsel und den Erlebnissen von Pip erzählt. Pino fungiert dabei als eine Figur, die diese Inhalte auf eine spielerische und Spaß machende Art und Weise vermittelt. Den Beginn einer Gruppensitzung verschläft er regelmäßig in einer großen Schatzkiste und muss von den Jungen durch lautes Singen des Piratenliedes geweckt werden. Die anleitenden Fachkräfte fragen die Jungen zu Beginn der Stunde, ob sie Pino gesehen hätten und animieren sie zu lautem Singen, damit Pino aufwacht. Danach ist er albern, macht Späße und bringt die Jungen durch seine fröhliche, witzige Art zum Lachen. Trotz seines Alters und seiner Erfahrung ist er nicht immer vollends kompetent und fragt die Kinder öfters einmal nach ihren Meinungen und Ratschlägen bzw. nach Lösungen für bestimmte soziale Situationen und Konflikte, die sein Freund Pip durchlebt. Er stellt z. B. Fragen wie: „Was könnte Pip machen?" oder „Welchen Tipp würdet ihr Pip in dieser Situation geben?" Die Jungen werden dadurch stets dazu ermutigt, eigene Lösungen für bestimmte Konflikte zu finden. Pino ist also auf die Kinder angewiesen, da er nicht von vornherein über alle idealen Problemlösestrategien und richtigen Antworten verfügt, sondern mit den Kindern zusammen Lösungen erarbeitet. Dabei kommt eine weitere wichtige Aufgabe von Pino zum Tragen: Er lobt die Jungen sehr häufig für ihre Antworten und hilft mit, wenn ihnen zum Beispiel die Worte zum Beschreiben bestimmter Emotionen fehlen. Wörtlich klingt das dann z. B. so: „Ja, genau, das ist die Emotion Freude! Super, gut aufgepasst!" oder „Klasse, ihr seid ja schon richtige Gefühlsabenteurer!"

In bestimmten Situationen, in denen es manchen Jungen schwerfällt, über eigene Gefühle zu sprechen, kann Pino als ‚Eisbrecher' fungieren und Situationen auflockern, indem er von eigenen Gefühlen und dem Umgang mit ihnen berichtet. Beispielsweise behaupten manche Jungen, dass sie noch nie Angst gehabt oder geweint hätten, da sie vermuten, dass diese Antwort von ihnen erwartet wird. Pino kann hier ein helfender Unterstützer sein, indem er stereotype Männlichkeitsbilder kontrastiert. So erzählt Pino beispielsweise, dass er selbst Angst vor Kaninchen habe, und dass er persönlich den mutigsten Piraten aller Zeiten kannte, der weder Haie, Kanonen noch Gewitter fürchtete, aber nachts in seinem Zimmer Angst vor der Dunkelheit hatte.

Pinos Freund, der Piratenjunge Pip, stellt eine kindgerechte Identifikationsfigur dar und soll den Jungen im Sinne der Lernpsychologie als attraktives Rollenmodell dienen. Deswegen hat er ungefähr dasselbe Alter und Geschlecht wie die am Programm teilnehmenden Jungen. Gemeinsam mit anderen Piratenkindern geht Pip in den Piratenkindergarten auf einer einsamen Insel. Dort erlebt er unterschiedliche, aber für den Kindergartenalltag typische Situationen, die verschiedene Emotionen in ihm auslösen. Durch anschauliche Abbildungen von Pip, auf denen er eine Emotion zeigt, können

---

[3] Im Online-Handel kann die von uns genutzte Pino-Handpuppe unter www.daliono.de erworben werden. Nennen Sie bei manuellen Bestellungen (per E-Mail, Fax oder Telefon) den Buchtitel „Gefühlsabenteurer" und den Vorteilcode „Pino", erhalten Sie 10 % Rabatt auf den Einkaufspreis.

die anleitenden pädagogischen Fachkräfte mit den Kindern über Emotionsausdruck, Emotionswortschatz und emotionsauslösende Situationen sprechen.

Abb. 2: Die Handpuppe Pino

> ***Tipps zum Umgang mit der Papageienhandpuppe Pino:***
>
> Hinsichtlich des Umgangs mit der Handpuppe sind einige praktische Hinweise zu beachten. So sollte darauf geachtet werden, dass die Puppe die Kinder im Kontakt direkt anschaut. Der Blick der Handpuppe sollte nicht auf den Boden oder an die Decke des Raumes gerichtet sein. Die pädagogische Fachkraft, die die Papageienhandpuppe spielt, sollte hingegen keinen Blickkontakt zu den Jungen aufbauen, wenn sie die Puppe sprechen lässt. Am besten orientiert sich die bzw. der Spielende am Hinterkopf der Papageienhandpuppe. Ein gewisser Abstand zwischen der puppenspielenden Fachkraft und Handpuppe lässt letztgenannte dagegen in den Mittelpunkt des Geschehens rücken und eigenständiger wirken. Wenn durch die Papageienhandpuppe gesprochen wird, sollte ihr Schnabel nach Möglichkeit so auf- und zu bewegt werden, dass die Bewegungen zu den Worten passen. Dabei kann die Stimme verstellt werden. Das Verstellen der Stimme ist kein Muss, jedoch ist anzumerken, dass es erfahrungsgemäß die Abgrenzung der beiden Rollen (anleitende Fachkraft und Pino) verdeutlicht.
> Die Eigenschaften von Pino und besondere Details seines Lebens müssen über die gesamten Sitzungen identisch bleiben, da Kinder solche Kleinigkeiten zumeist gut erinnern. Merkmale von Pino können beispielsweise sein: hat Angst vor Kaninchen, sein Lieblingsessen sind Karotten, Nüsse und Gummibärchen und er ist 99 Jahre alt.
> Wenn Pino in den Sitzungen nicht spricht, wird er in der Regel in die Schatzkiste oder an einen anderen Ort im Raum „schlafen" gelegt. Im Wortlaut der puppenspielenden Fachkraft: „Ach Kinder, ich bin schon wieder so hundemüde, ach nein, ich meinte

papageienmüde und lege mich für ein kleines Nickerchen hin!" In diesem Zusammenhang ist es wichtig, darauf zu achten, dass die Jungen nicht mit der Handpuppe zu spielen beginnen, da sie so ihre Besonderheit verlieren könnte.

Natürlich bemerken die Kinder, dass Pino kein echter Papagei ist und von einer pädagogischen Fachkraft gespielt wird. Praktische Erfahrungen zeigen allerdings, dass dies den Jungen nichts ausmacht und sie sich trotzdem begeistert auf die Kommunikation mit der Puppe einlassen. Um einer wiederkehrenden Diskussion über die ‚Echtheit' des Papageien vorzubeugen, kann mit den Jungen besprochen werden, dass Pino kein Papagei ist, wie sie ihn aus einem Zoo kennen; er aber auch nicht nur eine gewöhnliche Puppe ist: „Er ist halt etwas ganz Besonderes!"

Die Handhabung mit Pino kann von der puppenspielenden Fachkraft zu Beginn noch als schwierig empfunden werden, was die Kinder in der Regel allerdings gar nicht bemerken. Von Sitzung zu Sitzung wird die Handhabung jedoch einfacher und sicherer. Dadurch gelingt es der Fachkraft immer besser, spontan und kreativ auf Anmerkungen der Kinder zu reagieren.

2.2 Das Piratenlied

Lieder singen und gemeinsam zu musizieren, ist den Jungen bereits aus dem Kita-Alltag vertraut. Singen fördert nicht nur die soziale, kreative und kognitive Entwicklung, sondern stellt auch oft eine Form der emotionalen Zuwendung dar. Singend können Emotionen (bspw. Freude, Trauer und Wut) und selbstwertsteigernde Sätze (bspw. etwas an sich selbst loben) geäußert werden, die im normalen Gespräch möglicherweise schwerfallen. Im sozialpädagogischen Gruppenprogramm „Gefühlsabenteurer" gehört das *Piratenlied* zum ritualisierten Ablauf einer jeden Einheit. Wie bereits erwähnt, wird Pino, der Piratenpapagei, durch das Singen eines Liedes aufgeweckt, um anschließend eine seiner spannenden Geschichten von seinem Freund Pip zu erzählen. Das Lied sollte natürlich thematisch mit den beiden Schwerpunkten „Emotionen" und „Piraten" verknüpft sein und vor allem Freude und Spaß verbreiten. Zudem erhält das Piratenlied eine besondere Bedeutung für die Entwicklung der Jungen, da es Bewegung und Gesang miteinander verbindet und dadurch das Zusammenspiel der beiden Gehirnhälften gefördert wird (vgl. Blank & Adamek, 2010).

Das Piratenlied folgt einem einfachen Schema: Nach dem gemeinsam gesungenen Refrain sind die Jungen und die anleitenden Fachkräfte mit der ersten Strophe an der Reihe; bei der zweiten Strophe erwacht Pino und singt entweder alleine oder gemeinsam mit den Kindern; die dritte Strophe singen dann auf alle Fälle alle gemeinsam. Beim Singen ermutigen die anleitenden Fachkräfte die Jungen, die in Abb. 3 vorgegebenen Bewegungen zu machen. Da der Liedtext und die Bewegungen für die Kinder zu Beginn noch ganz neu sind, ist es beim ersten Gruppentreffen methodisch sinnvoll, zunächst den Text ohne Melodie langsam mit den Kindern zu sprechen und einige Male zu wiederholen. Anschließend kann die Melodie langsam Eingang in den „Sprechgesang" finden. Das Piratenlied ist sehr eingängig und sollte den Jungen bald vertraut sein. Erfahrungsgemäß reicht es in den ersten Einheiten aber aus, gemeinsam mit den Jungen den Refrain und die erste Strophe zu üben. In den nachfolgenden Einheiten können dann die weiteren Strophen erlernt werden (Noten: Abb. 9, S. 80).

Ahoi, wir sind Piraten

Refrain:
Ahoi, wir sind Piraten,	(mit einer Hand ein Auge verdecken,
hey ho, hey ho, hey ho.	mit der anderen einen imaginären Säbel schwingen)
Wir segeln übers Wasser,	(Schunkelbewegungen mit beiden Armen)
die Fahne ist gehisst.	(ein imaginäres Fähnchen über den Kopf halten)
Ahoi, wir sind Piraten,	(mit einer Hand ein Auge verdecken,
hey ho, hey ho, hey ho.	mit der anderen einen imaginären Säbel schwingen)
Ein Abenteuer vor uns,	(Handfläche über die Augenbrauen legen und von links
da ist sich Pip gewiss.	nach rechts schauen, danach Daumen nach oben)

Strophe 1:
Und was wird heut' passieren?	(offene Handflächen nach oben vor sich ausstrecken; Augenbrauen und Schultern hochziehen)
Los, Pino, wach jetzt auf!	(mit beiden Händen vor dem Mund ein Sprechrohr formen und besonders laut singen)
Erzähl' uns 'ne Geschichte,	(der Daumen bildet mit den restlichen vier Fingern ein Schnabel, der auf und zu geht)
wir warten längst darauf.	(mit dem Zeigefinger auf eine imaginäre Armbanduhr tippen und die Stirn runzeln)

(Refrain)

Strophe 2 (Pino):
Ein neues Abenteuer?	(Pino kann mit seinen kleinen Flügeln wackeln und der
Seid ihr schon aufgeregt?	Schnabel bewegt sich auf und zu; die Kinder können
Gleich geht es um Gefühle,	währenddessen schunkeln)
hab' ich mir überlegt.	

(Refrain)

Strophe 3:
Die Freude lässt uns tanzen.	(eine Pirouette drehen oder einfach in die Luft springen; dabei fröhlich schauen)
Die Wut schimpft fürchterlich.	(eine Faust machen und einen wütenden Gesichtsausdruck zeigen)
Die Trauer lässt uns weinen.	(den Kopf senken und in den Händen vergraben; evtl. Schluchzen)
Angst zittert bitterlich.	(ängstlich von links nach rechts gucken; sich dabei selbst umarmen und zittern)

(Refrain)

Abb. 3: Die Bewegungen zum Piratenlied

2.3 Die Gefühlsszenenbilder, Gefühlsbuttons und Piratenrunden

Zur Veranschaulichung der im Gruppenprogramm „Gefühlsabenteurer" thematisierten Emotionen wurden in Zusammenarbeit mit der Illustratorin Katrin Begass Bildvorlagen erstellt, die die Protagonisten Pip und Pino in bestimmten emotionsauslösenden Situationen zeigen („*Gefühlsszenen*"). Diese Bildvorlagen bilden jeweils eine Momentaufnahme der von Pino erzählten Geschichten, über die sich die Jungen in einer anschließenden *Piratenrunde* (moderiertes Gruppengespräch) austauschen. Die bildlichen Darstellungen sind unserer Erfahrung nach ein Schlüsselelement im Hinblick auf die Förderung des Emotionswissen und der Empathiefähigkeit der teilnehmenden Jungen. Anhand der Gestik und Mimik des Piratenjungen Pip sollen die Jungen die Emotionen erkennen und in den Kontext der erlebten Situation einordnen lernen. Im Rahmen der *Piratenrunde* wird mit den Jungen anhand der *Gefühlsszenenbilder* besprochen, wie die jeweilige Emotion genannt wird, woran dies erkennbar ist und was passiert ist, dass Pip sich so fühlt. Bei Trauer könnte beispielsweise beschrieben werden, dass Pips Mundwinkel nach unten zeigen, ihm Tränen über die Wangen laufen und er lauthals schluchzt, da ihm im Streit seine Schatzkiste zu Bruch gegangen ist (Abb. 4).

Abb. 4: Ein Beispiel anhand der Gefühlszene Trauer

Durch das Sprechen über die Bildvorlagen und die Geschichte wird neben dem Emotionswissen und der Empathiefähigkeit auch das Emotionsvokabular gefördert. Indem die Jungen, in Interaktion mit Pino und den anleitenden Fachkräften, die Emotionen benennen und beschreiben, erlernen sie einen differenzierten Emotionswortschatz, und wie sie diesen in der Kommunikation über Gefühle einsetzen können. Anstatt Aussagen zu treffen, wie: „Pip geht es gut, weil er freudig schaut" oder „Pip geht es schlecht, weil er böse schaut", kann dies im Wortlaut mit der Zeit differenzierter klingen: „Pip freut sich. Das sehe ich an seinem Lächeln und weil seine Augen glänzen", „Pip ist wütend, er beißt die Zähne zusammen, ballt die Faust und kneift die Augen zusammen."

Im Anschluss an die *Piratenrunde* verteilen die anleitenden Fachkräfte die *Gefühlsbuttons*, die die Jungen entweder anstecken oder in ihrer Schatzkiste verstauen können. Auf diesen Buttons ist Pips Mimik und Gestik, der in der jeweiligen Piratenrunde besprochenen Emotion, zu sehen (siehe Abb. 5, S. 62). Ab Einheit III werden die Gefühlsbuttons zu Anfang jedes Gruppengesprächs zu einer Wiederholung der Inhalte der letzten Einheit(en) genutzt. Sie wirken somit als ein „Erinnerungsanker" und sollen zu einer Verfestigung der Lerninhalte der emotionalen Kompetenz beitragen.

Darüber hinaus werden die *Gefühlsbuttons* auch im weiteren Verlauf des Programms genutzt, wie z. B. bei der Wiederholung einer gelernten Emotion oder diversen Spielen der *Gefühlsolympiade* (siehe hierzu Einheit VII). Daher ist es wichtig, dass die Jungen die Gefühlsbuttons am Ende einer Einheit immer in ihrer Piratenkiste verstauen und sie nicht mit nach Hause nehmen. Dies können sie erst nach Abschluss der letzten Einheit tun.

Eine besondere Form der Gefühlsbuttons sind die in Einheit VIII und IX verwendeten Buttons, auf denen zwei Piratenkinder abgebildet sind (siehe Abb. 6, S. 63). Dieses spezielle Bild steht für die in den beiden Einheiten behandelten Themen der Konfliktbewältigung und der Kooperation. Entsprechend können diese Buttons beim Herausgeben an die Jungen als Kooperationsbuttons betitelt werden.

2.4 Die Schatzkiste

Die *Schatzkiste* bildet ein weiteres wichtiges Element des Gruppenprogramms, insbesondere im Hinblick auf die Teilnahmemotivation und die Einhaltung der Gruppenregeln. Als Schatzkiste eignet sich eine stabile Holz- oder Pappkartonkiste mit den ungefähren Maßen von 30x15x15 cm. Sofern die anleitenden pädagogischen Fachkräfte diese nicht selbst basteln wollen, können im Handel fertige Holzkisten oder Schatztruhen recht günstig erworben oder bestellt werden. In jedem Falle ist allerdings darauf zu achten, dass die Schatzkiste ausreichend groß ist, damit die Papageienhandpuppe Pino Platz in der Kiste findet. Falls sich die Kinder wundern, woher die Schatzkiste

Abb. 5: Alle Gefühlsbuttons auf einen Blick (vgl. Download-Materialien)

Kleiner Tipp:

Die im Downloadbereich bereitgestellten Vorlagen der Gefühlsbuttons sind für Buttonrohlinge mit dem Durchmesser von 50 mm formatiert. Wenn die Möglichkeit zur Erstellung von Ansteckbuttons nicht gegeben ist, können die Vorlagen alternativ auch ganz einfach kreisförmig ausgeschnitten, laminiert und mit Sicherheitsnadeln an der Kleidung der Jungen angebracht werden.

Abb. 6: Der Gefühlsbutton Kooperation

kommt, kann Pino erzählen, dass er diese bei einem seiner vielen Abenteuern gefunden und hierhin mitgebracht habe. Neben Pino finden noch allerlei kleine „Schätze" in der Kiste Platz, die für einen Piratenschatz typisch sind, beispielsweise Halbedel- und Deko-Steine, Spielgeldmünzen, Muscheln und Schokoladengoldstücke. Auch für die Gefühlsbuttons, die an die Jungen ausgehändigt werden, sollte genügend Platz in der Schatzkiste zur Verfügung stehen.

Zusätzlich zu der großen Schatzkiste gestaltet jeder Teilnehmer des Programms in der ersten Einheit eine eigene kleine *Piratenkiste*. Die anleitenden Fachkräfte bereiten dafür neutrale Pappkisten vor (siehe Abb. 7, S. 64), die die Jungen mit Muscheln, Farbe, Goldfolie etc. verzieren können. Diese individuellen Schatzkisten finden zum Ende einer jeden Sitzung in der sogenannten *Schatzkistenrunde* ihre Anwendung.

Innerhalb der Schatzkistenrunde werden den Jungen die *Gefühlsbuttons* durch Pino und die leitenden Fachkräfte überreicht, um in diesem Zusammenhang die in der Sitzung thematisierten Emotionen/sozialen Situationen komprimiert zusammenzufassen (möglich ist aber auch, dass die Gefühlsbuttons schon zu einem früheren Zeitpunkt einer Einheit verteilt wurden). Im Anschluss gibt Pino oder eine leitende Fachkraft den Jungen Rückmeldungen zu ihrem Verhalten während der Sitzung. Die Jungen werden in diesem Zusammenhang darum gebeten, ihr eigenes Verhalten während der Sitzung, vor allem im Hinblick auf die Einhaltung der Gruppenregeln, zu reflektieren. Im Wortlaut: „Wie hat es heute bei dir mit den Regeln geklappt, Tim?" Als nächstes werden die restlichen Teilnehmer zum Verhalten des Jungen, der an der Reihe ist, gefragt. Im Wortlaut: „Was meint ihr? Hat es bei Tim heute gut geklappt?" Dadurch werden den Jungen mögliche Diskrepanzen zwischen Selbst- und Fremdwahrnehmung aufgezeigt. Die Gruppenregeln vereinbaren die anleitenden Fachkräfte in der ersten Einheit des Gruppenprogramms zusammen mit den teilnehmenden Jungen. Hat ein Junge sich an die vereinbarten Gruppenregeln halten können, darf er sich belohnen und kleinere „Schätze" aus der großen Schatzkiste aussuchen, um sie in seiner eigenen privaten Schatzkiste unterzubringen. In der Praxis hat sich bewährt, dass die Jungen in der

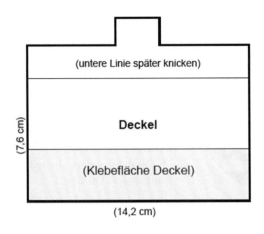
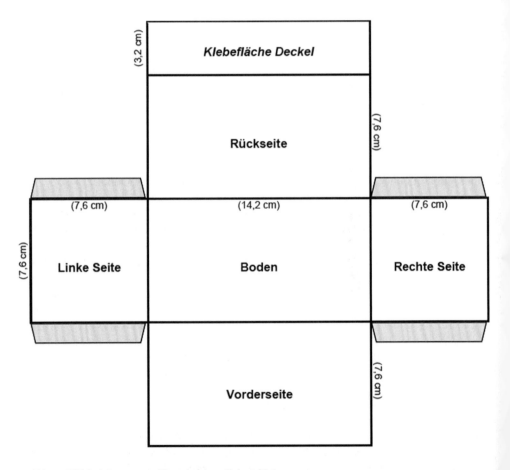

Abb. 7: DIY-Anleitung zum Basteln einer Schatzkiste

Schatzkistenrunde entweder zwei, eine oder keine Kostbarkeit(en) aus der Schatztruhe nehmen dürfen:

- *Zwei Kostbarkeiten* darf sich ein Junge zum Abschluss aussuchen, wenn er sich an alle Gruppenregeln gehalten hat.

- *Eine Kostbarkeit* bekommt ein Teilnehmer, wenn er zwar gegen Gruppenregeln verstoßen hat, sich aber nach einer einmaligen Ermahnung im weiteren Verlauf der Sitzung an die Regeln gehalten hat.

- *Keine Kostbarkeit* erhält ein Junge hingegen, wenn er mehrmals im Verlauf einer Sitzung gegen die Gruppenregeln verstößt, nachdem er zuvor für den Verstoß ermahnt wurde. Diese Abstufung ist für die Jungen in aller Regel verständlich und nachvollziehbar.

> *Tipps zur Erstellung von Gruppenregeln:*
> Die anleitenden Fachkräfte sollten darauf achten, dass es nicht zu viele Regeln gibt. Maximal fünf Regeln sind zumeist ausreichend und für die Jungen gut erinnerbar. Die Regeln sollten positiv formuliert sein und realisierbar bleiben. Es gilt immer zu bedenken, dass es Kindern im Vorschulalter noch schwerfällt sich über einen längeren Zeitraum zu konzentrieren. Ein paar Beispiele für Gruppenregeln finden sich in der praktischen Durchführung von Einheit I.

Die Schatzkiste dient demnach der Verstärkung von positivem bzw. kooperativem Sozialverhalten. Dabei unterscheidet sich dieses verstärkende Element von herkömmlichen Token-Systemen dahingehend, dass die Kisteninhalte nicht gegen eine bestimmte Belohnung eingetauscht werden können. Aus der bisherigen Erfahrung wird die verstärkende Funktion des positiven, programmbezogenen Verhaltens durch die Schatzkiste vor allem aufgrund der attraktiven Kisteninhalte ermöglicht. Die Jungen zeigen sich durch die vielen kleinen Kostbarkeiten in der Schatztruhe begeistert und motiviert, sich durch positives Verhalten selbst einen eigenen kleinen Schatz, so wie ihn ein richtiger Pirat hat, anzuhäufen, den sie mit Stolz den anderen Kindern im Kindergarten und ihren Eltern präsentieren können. Zusammengefasst verfolgt das Element „Schatzkiste" das Ziel, die Jungen zu motivieren, den Programminhalten aufmerksam zu folgen, die eigene Impulskontrolle zu verbessern und sich an Regeln zu halten.

2.5 Bewegungs-, Kooperations- und selbstwertsteigernde Spiele

Spielen ist ganz generell wichtig für die kindliche Entwicklung, da Kinder im Spiel vielfältige Kompetenzen entdecken, erproben und einüben können. Auch im Gruppenprogramm „Gefühlsabenteurer" werden spielerische Übungen genutzt, um Kompetenzen im emotionalen sowie im sozialen Bereich zu fördern (vgl. Konrad & Schultheis, 2008). Anleitende Fachkräfte sollten bei der Durchführung der spielerischen Übungen aufmerksam darauf achten, welche Emotionen von den Kindern ausgelebt bzw. ausgedrückt werden. Diese können sie im Anschluss mit den Jungen konstruktiv an- und besprechen. Wenn beispielsweise ein Junge bei einem Spiel ausscheidet und zu weinen beginnt, kann die pädagogische Fachkraft den Gefühlszustand erfragen oder benennen lassen („Wie geht es dir gerade?"; „Kannst du mir denn sagen, wie das Gefühl heißt?") oder die individuelle Emotionswahrnehmung ansprechen („Wo spürst du das in deinem Körper?"). Wenn während eines Spiels ein Streit zwischen zwei Jungen entsteht, sollten die Jungen unmittelbar auf ihr Handeln angesprochen werden („Was ist eben passiert?"). Ferner können sie gefragt werden, welche Emotionen das Handeln ihres Gegenübers ausgelöst hat („Was glaubst du: Wie hat sich Max gefühlt, als du ihm vorhin ein Bein gestellt hast?"). Diese kleinen Interventionen unterstützen die Entwicklung der Selbstreflexion, der Perspektivenübernahme und der Empathie. Daneben bieten die spielerischen Übungen in unterschiedlicher Weise die Möglichkeit, dass sich die Jungen selbstwirksam erleben, ihren Selbstwert steigern können, sich positiv im Gruppengeschehen erleben und damit die positiven Emotionen *Freude* und *Stolz* erfahren.

Bewegungsspiele zur Aktivierung und zur Erhöhung der Konzentration. Diese Form des Spiels wird beim sozialpädagogischen Gruppenprogramm insbesondere zur Schaffung einer guten Basis für nachfolgende Lern- und Konzentrationsphasen benötigt. Erfahrungsgemäß brauchen die Jungen zu Beginn einer Einheit ein sportliches Element, bei dem sie sich körperlich „verausgaben" können, um anschließend im Gesprächskreis entspannter, aufmerksamer und konzentrierter über Emotionen sprechen zu können. Bei der Auswahl des Spiels ist es günstig, dass die anleitenden Fachkräfte die Jungen am Entscheidungsprozess teilhaben lassen (Partizipation). Es geht darum, dass die Jungen Freude und Lust am Spiel erfahren und von sich aus zu Beginn einer Einheit etwas gemeinsam spielen wollen. Die Praxis zeigt, dass die meisten Jungen dieses Angebot sehr dankbar annehmen. Jungen haben in der Regel einen hohen Bewegungsdrang und messen sich gerne untereinander. Die eingesetzten Spiele zur freien Bewegung und zur Steigerung der Konzentration können wettbewerbsorientiert sein und einen Sieger haben, doch sollten die anleitenden Fachkräfte situativ abwägen, ob kooperative Spiele ohne Gewinner und Verlierer sinnvoll sind.

Spiele der Kooperation und zur Förderung der Sozialkompetenz. Interaktions- und Kooperationsspiele tragen im sozialpädagogischen Gruppenprogramm „Gefühlsabenteurer" zur Stärkung des Miteinanders und eines positiven Gruppengefühls bei. Die Jungen sollen darin unterstützt werden, respektvoll und fair miteinander umzugehen. Der Schwerpunkt bei Kooperationsspielen liegt auf dem gemeinschaftlichen Lösen eines Problems. Diese Form des Spiels fördert folglich Kooperationsfähigkeit, Rücksichtnahme, Hilfsbereitschaft, Fairness und die Sensibilität gegenüber anderen Menschen. Während des Spiels erproben die teilnehmenden Jungen soziale Kompetenzen, da sie miteinander kommunizieren, andere Meinungen aushalten und Kompromisse aushandeln müssen. Durch das gemeinsame Erreichen eines Ziels erleben die Jungen im Kollektiv positiv besetzte Emotionen, was gleichzeitig zur Steigerung des eigenen Selbstwertgefühls beiträgt. Zu bedenken ist allerdings, dass Kooperationsspiele nicht per se die Sozialkompetenz verbessern und die Persönlichkeit der Jungen stärken. Grundsätzlich ist es wichtig, dass die anleitenden pädagogischen Fachkräfte im Anschluss an ein Kooperationsspiel noch kurz mit den Jungen reflektieren, was zum Erreichen des Ziels wichtig war und wo es Schwierigkeiten gab. Dadurch können Erfahrungen eingeordnet und innere Lernprozesse angeregt werden. Eine tiefergehende Reflexion stellt für Jungen im Vorschulalter allerdings eine zu komplexe kognitive Anforderung dar, weshalb es sinnvoll ist, die Gesprächsrunde nach dem Kooperationsspiel recht kurz zu halten.

Das Rollenspiel in der Gruppe gehört ebenfalls zu den kooperativen Spielen. Da es im Gruppenprogramm „Gefühlsabenteurer" das zentrale Lernelement der Einheiten VIII und IX darstellt, wird es im nachfolgenden Kapitel ausführlicher dargestellt.

2.6 Rollenspiel: Das Piratentheater

Die Methode des *Rollenspiels* zielt grundsätzlich darauf ab, sich gedanklich, gefühlsmäßig und handelnd in eine andere Person hineinzuversetzen. Sie eignet sich daher in besonderem Maße für die Förderung sozialer und emotionaler Kompetenzen, wie z. B. Perspektivenübernahme, Empathie und das Nachvollziehen von Gefühlen. Vor allem im zweiten Förderblock (den Einheiten VIII und IX), in dem es um die *Bewältigung sozialer Situationen* geht, werden dem Kindergartenalltag entstammende Situationen aufgegriffen und unter realitätsnahen Bedingungen im Rollenspiel mit den Jungen bearbeitet. Die Basis für den Aufbau alternativer, sozialer Verhaltensweisen und den Erwerb neuer Erfahrungen in sozialen Situationen bildet – innerhalb des Rollenspiels – das Lernprinzip des Modelllernens. Kinder können durch aufmerksames Beobachten bestimmte Verhaltensweisen von anderen Menschen übernehmen und anwenden lernen. In diesem Zusammenhang werden vor allem Verhaltensweisen in das eigene Verhaltensrepertoire integriert, die mit positiven Konsequenzen einhergehen und von bedeutenden Modellen gezeigt werden. Dies können im Vorschulalter sowohl Erwachsene, z. B. Eltern und Erzieherinnen bzw. Erzieher, als auch Gleichaltrige sein, weshalb beide Modelltypen im Aufbau und Ablauf der Rollenspiele des Programms berücksichtigt werden. Alle Rollenspiele, die in den Einheiten VIII und IX eingesetzt werden, folgen einer besonderen Struktur und sind in drei Phasen mit unterschiedlichen inhaltlichen Schwerpunktsetzungen unterteilt.

Rollenspielphase I. Die erste Phase besteht aus dem sogenannten *Piratentheater*. Hierzu fragt die anleitende Fachkraft zunächst nach freiwilligen Mitspielern für eine kleine Theater-Vorführung vor den anderen Jungen und der Handpuppe Pino. Zusammen mit den Freiwilligen verlässt die anleitende Fachkraft den Raum, um das Rollenspiel vorzubereiten. Hierbei ist es erfahrungsgemäß wichtig, dass die anleitende Fachkraft einige praktikable Vorschläge für Rollenspielsituationen vorbereitet hat. Die nicht am Piratentheater mitspielenden Jungen bleiben währenddessen im Raum zurück, wo ihnen Pino das weitere Vorgehen und ihre Aufgabe erläutert. Die Jungen sollen nämlich, da sie schon „echte Gefühlsabenteurer" geworden sind, darauf achten, welche Situation in der Vorführung präsentiert wird und welche Gefühle sie bei den Rollenspielern beobachten. Die ausgewählte Situation wird daraufhin in der gesamten Gruppe präsentiert, bis sie durch das Kommando „Anker setzen!" von der Handpuppe Pino eingefroren wird. Alle Rollenspieler versuchen sodann in ihrer Position für eine kurze Zeit zu verharren. Anschließend gibt es eine Fragerunde, die der Struktur von Tab. 5 (S. 69) folgt.

Das Einfrieren nach dem Kommando „Anker setzen!" fordert ein hohes Maß an Konzentration, weshalb es vorkommen kann, dass es den schauspielenden Jungen nicht gelingt, die gleiche Körperhaltung, Gestik und Mimik über einen längeren Zeitraum zu zeigen. Die Fachkräfte sollten dies nicht allzu kritisch sehen. In diesem Fall kann der Junge gebeten werden, den entsprechenden Emotionsausdruck erneut kurz zu wiederholen. Im Wortlaut: „Pascal, kannst du das Gesicht bitte noch einmal machen, das zeigt, wie du dich gerade fühlst?" Ein schöner Vorteil des Piratentheaters ist, dass Schauspieler und Zuschauer miteinander kommunizieren können. Dies bietet den zuschauenden Jungen die Gelegenheit, die Schauspieler etwas zu fragen, wenn sie das persönliche Befinden selbst nicht erkennen können. Die puppenspielende Fachkraft kann dies durch Pino initiieren: „Luca, du denkst also, dass Ali Angst hat. Stimmt das? Frag' ihn doch mal, wie er sich in dieser Situation fühlt?"

Rollenspielphase II. In der anschließenden zweiten Phase wird das Piratentheater fortgeführt, indem die im Gespräch erarbeiteten Lösungsvorschläge und Verhaltensweisen von den Rollenspielern umgesetzt werden. Diese bekommen von Pino oder der puppenspielenden Fachkraft Feedback und werden gelobt. Die zuschauenden Jungen können die Rollenspieler dabei beobachten, wie sie die besprochenen Verhaltensweisen und Konfliktlösestrategien in der konkreten Situation anwenden.

Rollenspielphase III. Im Anschluss wird den Jungen in zwei oder drei Kleingruppen die Möglichkeit gegeben, das Rollenspiel zu wiederholen. Damit hat jeder der Jungen die Chance, die besprochenen Verhaltensweisen auszuprobieren und einzuüben. Pino und die anleitenden Fachkräfte begleiten die dritte Phase recht eng, um den Rollenspielern Tipps und Rückmeldungen zu geben. Eine geglückte Umsetzung sollte immer durch Lob verstärkt werden. Falls in diesem Zusammenhang „aus Jux" aggressive Handlungen dargestellt werden, sollten die anleitenden Fachkräfte bzw. Pino sofort intervenieren, um eine Verstärkung unerwünschter Lernprozesse zu verhindern (z. B. wenn die zuschauenden Jungen bei der Darstellung einer aggressiven „Problemlösung" lachen).

▪ **Was habt ihr im gezeigten Theaterstück beobachtet?**
Die Kinder sollen lernen, die Situation in ihren eigenen Worten zu schildern. Dies zeigt den anleitenden Fachkräften, ob die vorgespielte Situation von den Jungen verstanden wurde und die Durchführung somit fortgesetzt werden kann.
▪ **Wie fühlen sich die beteiligten Personen?**
Die Kinder sollen sich (emotional) in die Rollenspieler hineinversetzen und die erlebten Emotionen benennen können.
▪ **Woran erkennt ihr, dass sie sich so fühlen?**
Die Kinder sollen in ihrer Wahrnehmung und Interpretation von Emotionen in konkreten sozialen Situationen geschult werden und diese anhand von Mimik, Gestik und Kontext genau beschreiben.
▪ **Was genau ist der Auslöser für die Emotion bzw. das Problem/den Konflikt in der dargestellten sozialen Situation?**
Die Kinder sollen soziale Situationen erkennen und gegebenenfalls das Problem bzw. den vorgespielten Konflikt herausarbeiten und beschreiben lernen.
▪ **Was könnten die beteiligten Personen machen, um das Problem/den Konflikt zu lösen bzw. besser mit ihren Gefühlen klarzukommen?**
Die Kinder sollen positive Lösungen für Probleme und Emotionsregulationsstrategien entwickeln und durchzuführen lernen. Gegebenenfalls unter Berücksichtigung der unterschiedlichen Perspektiven der am sozialen Problem beteiligten Personen.

Tab. 5: Reihenfolge zu stellender Fragen für das Piratentheater

Nach unserer Erfahrung sind die Rollenspiele innerhalb des Gruppenprogramms „Gefühlsabenteurer" gut geeignet, konstruktive soziale Lernprozesse in einem geschützten Rahmen zu ermöglichen. Offensichtlich profitieren vor allem Jungen mit Defiziten im sozial-emotionalen Kompetenzbereich vom Einüben von Handlungsalternativen und Konfliktlösungen. Gleichaltrige, sozial-emotional kompetentere Jungen sind für diese Jungen positive Rollenmodelle, die im *Piratentheater* Orientierung geben können.

2.7 Ausmalbilder

Auf den Gefühlsbuttons zeigt Pip die unterschiedlichen Emotionen, die mit den Jungen in den Einheiten II bis VI behandelt werden. Diese Abbildungen können alternativ in schwarz-weißer Form auch als Ausmalbilder genutzt werden (siehe Abb. 8, S. 71). Erfahrungsgemäß macht es fast allen Jungen große Freude die jeweilige, besprochene Emotion nach der Einheit als Ausmalbild mit in die Kindergartengruppe oder mit nach Hause zu nehmen. Ein positiver Aspekt, da sich die Jungen über die gemeinsame Stunde hinaus mit der behandelten Emotion beschäftigen und etwas in Händen halten, worüber sie mit anderen Kindern ihre Gruppe oder ihren Eltern[4] sprechen können. Dies eröffnet den Jungen die Möglichkeit, ihre Erfahrung mit anderen zu teilen und das Gelernte zu vertiefen. Wenn beispielsweise ein Junge abends seinem Vater oder seiner Mutter noch einmal ganz genau, mit Hilfe der Abbildung, beschreibt, was Pip gerade erlebt hat, wie er sich deshalb fühlt und woran die Eltern dies erkennen können. Es kann vorkommen, dass Jungen das Ausmalbild der letzten Stunde beim nächsten Mal wieder mitbringen und mit Stolz präsentieren, was sie gemalt haben. Dies sollte seitens der pädagogischen Fachkräfte positiv anerkannt werden, zum Beispiel, indem anhand des Bildes die Emotion der vorangegangenen Einheit mit den Jungen wiederholt wird. Dabei kann erneut auf den Emotionsausdruck eingegangen und das Emotionsvokabular rekapituliert werden. Die anleitenden Fachkräfte fragen beispielsweise: „Warum hat der Pip denn da so einen roten Kopf?", worauf die Jungen antworten: „Weil er wütend ist!"

Bei der pädagogischen Durchführung des Gruppenprogramms ist das Verteilen der Ausmalbilder nicht zwingend notwendig, sondern vielmehr ein Extra, das den Jungen angeboten werden kann. Da Malen allerdings eine beliebte Tätigkeit von Kindern im Kindergartenalltag ist, wird dieses Angebot meist sehr gern angenommen. Bei den Malvorlagen sind der Phantasie und Kreativität natürlich Grenzen gesetzt, dennoch fördert das Ausmalen die Konzentration, da hierbei Sorgfalt und Genauigkeit gefragt sind.

---

[4] Die Ausmalbilder und die Elternbriefe, die im späteren Verlauf noch näher beschrieben werden, mögen auf den ersten Blick identisch erscheinen, sind aber ganz bewusst so gewählt worden. Der Sinn besteht darin: die Ausmalbilder sind an die Jungen gerichtet, die Elternbriefe an die Eltern. Diese Unterscheidung kann für einige Jungen sehr wertvoll sein, da die Ausmalbilder ihnen gehören, worauf sie zuweilen mächtig stolz sind (ähnlich wie ihre Schatzkiste, die jedoch bis zum Ende des Gruppenprogramms im Kindergarten verweilen muss).

Abb. 8: Das Ausmalbild der Emotion *Wut* (vgl. Download-Materialien)

2.8 Ergänzende Bausteine: Entspannungstechniken und Traumreisen

Entspannungstechniken (z. B. Ruhe- und Wahrnehmungsübungen, Yoga-Übungen, Progressive Muskelentspannung oder Phantasie- bzw. Traumreisen) können im Gruppenprogramm „Gefühlsabenteurer" ebenfalls hervorragend integriert werden. Sie sind nicht notwendig vorgesehen, um die Programmziele zu erreichen, stellen aber unter Umständen eine sehr sinnvolle und bereichernde Ergänzung dar. Wie im beispielhaften Ablauf einer Einheit (siehe Kapitel 4) aufgezeigt wird, können Entspannungsübungen oder Traumreisen auch eine schöne Alternative zum Abschlussspiel darstellen. Im Idealfall sind die eingesetzten Entspannungstechniken und Traumreisen für die teilnehmenden Jungen nicht völlig neu. Wenn die Jungen bereits im Kita-Alltag Erfahrungen mit Entspannungsübungen gesammelt haben, fällt es ihnen erfahrungsgemäß viel leichter, sich darauf einzulassen und z. B. eine kurze Auszeit am Ende der Stunde als positiv zu erleben. Nicht immer erfordern Ruheübungen absolutes Stillsitzen. So gibt es beispielsweise im Kinder-Yoga Übungen, die innere Konzentration mit dynamischen, fließenden Köperbewegungen verbinden, um dem natürlichen Bewegungsbedürfnis der Kinder zu entsprechen. Auch dadurch erfahren Kinder eine bewusste, entspannte Wahrnehmung ihrer körperlichen und seelischen Befindlichkeit.

Die Teilnahme an Traum- bzw. Phantasiereisen sowie an Entspannungsübungen sollte für die Kinder grundsätzlich freiwillig sein. Wenn einige der Jungen keine Lust dazu haben, sollen sie in der Zwischenzeit einfach ruhig im Raum sitzen bleiben und ggf. etwas malen. Manchmal können sich Jungen auf eine Entspannungsübung einlassen, wenn sie zuvor beobachten konnten, wie diese von anderen Jungen in der Gruppe praktiziert wurde. Auch bei Jungen, die gerne an einer Traumreise teilnehmen, ist ggf. eine „entspannte", geduldige Haltung der pädagogischen Fachkraft geboten: So schließen z. B. viele Kinder nicht sofort die Augen oder legen sich ruhig hin. Andere vergessen zwischenzeitlich, dass während der Übung nicht gesprochen werden soll. Das Praktizieren und Erleben einer Entspannungserfahrung mit geschlossenen Augen ist eine durchaus anspruchsvolle Angelegenheit, die auch für Kinder Zeit und Übung erfordert.

> *Kleiner Tipp:*
>
> Die Durchführung von Entspannungsübungen oder Traumreisen setzt geeignete Räumlichkeiten und das Vorhandensein notwendiger Utensilien (bequeme Unterlagen, Kissen, Decken, Entspannungsmusik etc.) voraus. In späteren, detaillierten Beschreibungen der einzelnen Einheiten werden ein paar Möglichkeiten näher vorgestellt, wie eine Traumreise, die von Pip und Pino handelt, durchgeführt werden kann.

3. Pädagogischer Umgang mit Schwierigkeiten während der Durchführung

Trotz sorgfältiger Vorbereitung der einzelnen Einheiten und der Auswahl kindgerechter, spielerischer Elemente zum Aufbau von Teilnahmemotivation können zuweilen Schwierigkeiten auftreten, die die Durchführung des Gruppenprogramms erschweren können. Grundsätzlich müssen sich die anleitenden pädagogischen Fachkräfte bewusst machen, dass die Programmdurchführung ein sehr komplexer pädagogischer Prozess ist, was eine umfassende Kontrollierbarkeit bzw. Vorhersehbarkeit des Ablaufs unmöglich macht. Auftretende Schwierigkeiten sind daher nicht als „Versagen" der Gruppenleitung, sondern als ein „normales" Phänomen anzusehen, mit dem gelassen und ruhig umgegangen werden sollte (vgl. Borg-Laufs et al., 2012). Aus einer solchen Haltung heraus können am ehesten Lösungsideen und Handlungsmöglichkeiten entwickelt werden.

Nachfolgend werden drei typische Problemsituationen skizziert, die erfahrungsgemäß bei der Durchführung des Gruppenprogramms auftreten können. Davon ausgehend werden Anregungen und Tipps zur Bewältigung solcher Schwierigkeiten gegeben. In diesem Zusammenhang sei nochmals darauf hingewiesen, dass die beste Grundlage für den Umgang mit schwierigen Situationen stets ein wertschätzendes, konsistentes und konsequentes pädagogisches Verhalten der pädagogischen Fachkraft ist.

Problemsituation 1: Konflikte in der Teilnehmergruppe. Bei Auseinandersetzungen und Streit zwischen zwei Jungen sollte die anleitende Fachkraft zunächst auf die in Einheit I erarbeiteten Gruppenregeln hinweisen. Wenn beispielsweise ein Junge dem anderen den Platz wegnimmt und es deswegen zum Streit kommt, könnte die Fachkraft sagen: „Leon, wie lautet unsere erste Regel, die wir gemeinsam festgelegt haben? Hast du dich gerade darangehalten?" Dabei ist auch zu bedenken, dass ein Konflikt gerade mit Blick auf die Zielsetzung des Programms die Chance zur Anwendung der gelernten sozial-emotionalen Kompetenzen bietet. So kann der Streit ggf. auch in der gesamten Gruppe und unter Einberufung einer spontanen *Piratenrunde* gemeinsam aufgearbeitet werden. Dabei könnte die anleitende Fachkraft (ggf. durch den Papagei Pino) unter anderem folgende Fragen stellen: „Was ist genau passiert?", „Leon, was glaubst du, wie sich Ali jetzt fühlt?", „Wie würdest du dich fühlen, wenn sich jemand auf deinen Platz setzt?", sowie an alle gerichtet: „Was könnten die beiden machen, damit Ali nicht mehr so traurig ist?" etc. Sind die in der Auseinandersetzung erlebten Emotionen sehr intensiv (z. B. bei einem stark weinenden Jungen oder einem Wutanfall eines Jungen), sollten die anleitenden Fachkräfte versuchen, die Jungen bei der Emotionsregulation zu unterstützen. Im Idealfall können dabei bereits besprochene Emotionsregulationsstrategien angewandt werden. Auch ein 5-minütiges „Time-out" außerhalb des Gruppenraums kann den Kindern dabei helfen, wieder zur Ruhe zu kommen. Die Art und Weise, wie sich die anleitende Fachkraft in solchen Konfliktsituationen verhält (bspw.

durch einfühlsames Erfragen nach der aktuellen Gefühlslage), kann für die Jungen zum Vorbild werden für die konstruktive Bewältigung ähnlicher Situationen.

Problemsituation 2: Motivation schüchterner bzw. sozial-unsicherer Jungen. Gerade zu Anfang der Programmdurchführung kann die ungewohnte Gruppensituation für schüchterne bzw. sozial-unsichere Kinder sehr herausfordernd sein. So verhalten sich sozial-unsichere Jungen bei den ersten Gruppentreffen häufig sehr zurückhaltend und passiv. Manchmal kommt es auch vor, dass ein Junge nach der ersten Einheit nicht mehr an dem Programm teilnehmen will. Um möglichen Hemmungen und Ängsten zu begegnen, ist ein transparentes pädagogisches Vorgehen besonders wichtig. So sollte die anleitende Fachkraft den Jungen zu Beginn jedes Gruppentreffens genau erklären, wie dieses abläuft. Die Teilnahme am Programm basiert natürlich auf Freiwilligkeit. Dennoch sollten sich die anleitenden Fachkräfte engagiert darum bemühen, gerade sozial-unsichere und gehemmte Jungen zur Teilnahme an dem Gruppenprogramm zu motivieren. Sie sollten – um es pointiert auszudrücken – den Jungen eine Teilnahme *zumuten* - im Sinne von: an den Mut der Jungen glauben. Erfahrungsgemäß steigt die Teilnahmemotivation eher schüchterner Jungen im weiteren Programmverlauf deutlich an, wenn sie sich aktiv in das Gruppengeschehen einbezogen fühlen und selbstwertsteigernde Erfahrungen machen. Seitens der anleitenden Fachkräfte ist darauf zu achten, dass sozial-unsichere Kinder für einen Beitrag in der *Piratenrunde*, für ihr Verhalten in den Kooperationsspielen oder während der *Schatzkistenrunde* besonders gelobt werden, um so ihre Teilnahmemotivation zu verstärken und ihr Selbstwirksamkeitserleben zu fördern. Entscheiden sich zurückhaltende Kinder an einer Aktivität nicht teilzunehmen, so soll ihnen wertschätzend (z. B. durch Pino) vermittelt werden, dass dies in Ordnung ist und sie es dann beim nächsten Mal versuchen können.

Problemsituation 3: Unaufmerksamkeit oder störendes Verhalten. Gelegentlich kommt es vor, dass die Jungen sich während einzelner Elemente des Programms unaufmerksam zeigen und durch ihr Verhalten die Sitzung stören (z. B. durch Herumalbern oder unruhige Bewegungen). Derartige Verhaltensweisen können unterschiedliche Gründe haben. Wie bereits in vorherigen Abschnitten dieses Buches erklärt wurde, fällt es Vorschulkindern oft noch schwer, ihre Aufmerksamkeit länger zu fokussieren und die eigenen Impulse zu kontrollieren. Die anleitenden Fachkräfte sollten sich daher im Bedarfsfall die Freiheit nehmen, bestimmte Elemente des Gruppenprogramms zu kürzen oder zu modifizieren. Wenn beispielsweise Unaufmerksamkeit oder störendes Verhalten regelmäßig während der *Piratenrunde* auftritt, sollte diese im zeitlichen Umfang gekürzt werden. Zugleich könnte das *Spiel zur Steigerung der Konzentration* ausgedehnt werden, um zu überprüfen, ob sich daraufhin die Unkonzentriertheit während der *Piratenrunde* verbessert. Im Sinne der Programmziele stellen Störungen aber auch immer einen Anlass dar, an die Gruppenregeln zu erinnern: „Leon und Ali, erinnert ihr euch an die Regeln? Wofür steht das Ohr nochmal?" Die anleitende Fachkraft zeigt dabei auf das große Ohr auf dem Plakat mit den Gruppenregeln, das für „Wir hören aufmerksam zu" steht. Haben die angesprochenen Jungen weiterhin Schwierigkeiten mit der Einhaltung der Regel, wird eine erste Konsequenz ausgesprochen, z. B.: „Leon und Ali, ihr habt es leider immer noch nicht geschafft mit dem Reden aufzuhören. Deshalb gibt es heute am Ende nur *eine* Kleinigkeit aus der Schatztruhe!" In diesem Zusammenhang sollte eine weitere Konsequenz verdeutlicht werden: „Wenn ihr weiter stört, dürft ihr euch am Ende der Stunde leider nichts aus der Schatzkiste aussuchen, und das wäre wirklich schade." In den meisten Fällen reicht es allerdings bereits aus, das Fehlverhalten anzusprechen und die anderen Jungen, die sich in der Situation an die Gruppenregeln halten, zu loben: „Frank, Luis, John und Max hören zu, was Pino und ich schon richtig klasse finden. Ich bin mal gespannt, ob das noch mehr Jungen hinbekommen!" In seltenen Fällen kann eine kleine Auszeit für einen wiederholt störenden Jungen hilfreich sein, damit er sein Verhalten reflektieren und in seiner Emotionsregulation unterstützt werden kann. In diesem Fall muss dem Jungen ruhig und bestimmt der Zusammenhang zwischen seinem Verhalten und der Maßnahme „Auszeit" verdeutlicht werden. Die Auszeit sollte für wenige Minuten und nach Möglichkeit in einer reizarmen Umgebung erfolgen, zum Beispiel in einem angrenzenden Raum oder abseits des Geschehens in der Turnhalle.

4. Durchführung des Gruppenprogramms

Im folgenden Kapitel geht es um die konkrete Durchführung des sozialpädagogischen Gruppenprogramms „Gefühlsabenteurer". Dabei werden die Ziele, Inhalte, Instruktionen und Materialien der insgesamt zehn Einheiten im Detail vorgestellt und erläutert. Jede Einheit beinhaltet immer wiederkehrende Rituale, die die Jungen nach kurzer Zeit verinnerlichen. Mit Ausnahme der einführenden und abschließenden Einheit (I und X) sind alle zehn Gruppentreffen gemäß des abgebildeten Kastens strukturiert. Die starke Strukturierung des Gruppenprogramms bietet sowohl den Jungen als auch den anleitenden pädagogischen Fachkräften Vorteile: Zum einen gewährleistet die gleichbleibende Struktur der Gruppentreffen und die Einbeziehung wiederkehrender Rituale ein hohes Maß an Orientierung und Sicherheit für die Kinder. Das Gruppenprogramm wird für sie transparent und kalkulierbar. Zum anderen stellt die Strukturierung des Gruppenprogramms eine Entlastung für die anleitenden Fachkräfte dar, die sich dadurch maximal auf die teilnehmenden Jungen und die Dynamik in der Gruppe konzentrieren können.

- Begrüßung
- Bewegungsspiel
- Piratenlied mit anschließender Piratenrunde bzw. anschließendem Piratentheater
- Kooperationsspiel/selbstwertsteigerndes Spiel/Entspannungsübung
- Schatzkistenrunde

Vorbereitung einer Einheit. Um den möglichst reibungslosen Ablauf der Gruppentreffen zu gewährleisten, sollten die anleitenden Fachkräfte jede Einheit sorgfältig vorbereiten. Grundsätzlich sollte der Durchführungsraum angemessen vorbereitet werden. Dazu gehört, dass die Schatzkiste mit Inhalt (Halbedelsteine, Plastikgoldmünzen, Schokotaler o. ä. und die Handpuppe *Pino*) gefüllt ist. Werden in einer Einheit Gefühlsbuttons benötigt, sind diese ebenfalls in die Schatzkiste zu legen. Eine gutes Raumarragement ist es, die Schatzkiste in einer Ecke des Raumes zu platzieren und halbkreisförmig einen Sitzkreis aus Matten oder Decken um die Schatzkiste auszulegen. So erhalten die Jungen während der Piratenrunde einen gemütlichen Platz und haben sich gegenseitig im Blick. Das gemeinsam erstellte Plakat mit den Gruppenregeln sollten die Fachkräfte vor dem Beginn jeder Einheit gut sichtbar im Raum aufhängen. Darüber hinaus sollten alle notwendigen Vorlagen und Unterlagen für die bevorstehende Einheit vorbereitet bzw. bereitgelegt werden. Im Normalfall sind dies die Gefühlsbuttons, die Gefühlsszene, die Ausmalbilder von Pip und die Elternbriefe. Darüber hinaus sollten sich die Fachkräfte soweit mit der Rahmengeschichte vertraut machen, dass sie diese hinreichend sicher erzählen und im Dialog mit den Jungen weiterentwickeln können. Nach der ersten Einheit haben alle Jungen eine eigene Schatzkiste gebastelt. Diese persönlichen Schatzkisten können am Rande des Raumes abgelegt werden, sodass sie für die Jungen jederzeit griffbereit sind. An dieser Stelle sei auch darauf hingewiesen, dass einige Einheiten des Gruppenprogramms Besonderheiten aufweisen, die auch bei der Vorbereitung zu berücksichtigen sind. Werden spezifische Hilfsmittel für eine Einheit benötigt, sind diese bereits zu Beginn in der Tabelle und unter der Ergänzung *Wichtige Hinweise zur Vorbereitung* zu finden.

Nachbereitung einer Einheit. Wenn das Verhalten und die Entwicklung der Jungen dokumentiert werden soll, bietet es sich an, den von uns entwickelten Beobachtungsbogen (siehe Kapitel 7) nach jeder Einheit für jeden Jungen auszufüllen. Unter Umständen kann auch das Filmen der Einheiten mit einer Videokamera eine sinnvolle Option darstellen, um das Gruppengeschehen und die Lernfortschritte zu dokumentieren. Die nachgehende Auswertung der Videoaufnahmen ist naturgemäß mit einem relativ hohen Zeitaufwand verbunden, gestattet aber auch eine sehr differenzierte Beurteilung des Sozialverhaltens der teilnehmenden Jungen sowie ihrer Entwicklung sozial-emotionaler Kompetenzen. Natürlich kann das Videomaterial auch dazu genutzt werden, den Eltern beim Elternabend Einblicke in die Arbeit mit den Jungen zu geben. Dies kann erfahrungsgemäß wesentlich dazu beitragen, bestehende Vorbehalte der Eltern zu zerstreuen und sie dazu anzuregen, die im Gruppenprogramm behandelten Inhalte im Familienalltag aufzugreifen.

4.1 Das erste Gruppentreffen: „Ankommen und Kennenlernen"

EINHEIT I – Ankommen und Kennenlernen		
Ziele:	✓ Schaffung einer positiven, interessanten, wertschätzenden Lernatmosphäre ✓ Aufbau eines Vertrauensverhältnisses zwischen anleitenden Fachkräften und Jungen ✓ Stärkung des Gruppenzusammenhalts ✓ Erleben positiver Emotionen	
Inhalte (mit Zeitangabe in Minuten)		**Materialien**
▪ Begrüßung durch die Anleitung ▪ Kennenlernspiel ▪ Vorstellung von Pip und Pino ▪ Aufstellen der Gruppenregeln ▪ Schatzkisten dekorieren ▪ Kooperationsspiel ▪ Schatzkistenrunde	5 10 5 5 20 10 5	▪ Schatzkisten ▪ Handpuppe Pino ▪ Altes Zeitungspapier ▪ Abgerundete Scheren ▪ Klebestift/Heißklebepistole ▪ Buntstifte/Wachsmalstifte o. Ä. ▪ Dekoration für die Schatzkisten (z. B. Muscheln; Goldpapier) ▪ Piratenlied

Wichtige Hinweise zur Vorbereitung: In der ersten Einheit werden die individuellen Schatzkisten mit den Jungen gebastelt bzw. dekoriert. Sofern ein weiterer Raum zur Verfügung steht (z. B. ein spezieller Kreativ- oder Werkraum), kann dieser für das gemeinsame Basteln genutzt werden. Die oben genannten Materialien sind vonseiten der Fachkräfte bereitzulegen. Aus zeitlichen Gründen empfiehlt es sich, die Pappkarton-Schatzkisten der Jungen soweit vorzubereiten, dass sie von den Jungen lediglich noch individuell gestaltet und verziert werden müssen.

*(1) **Begrüßung.*** Die Jungen werden durch die anleitenden Fachkräfte begrüßt und für ihre Teilnahme am Gruppenprogramm gelobt. Anschließend werden der o. g. immer gleichbleibende Ablauf der Einheiten und die Rahmenbedingungen des Programms kurz vorgestellt (Angebot für Vorschuljungen, einmal pro Woche etc.). Wird das Gruppenprogramm von externen pädagogischen Fachkräften durchgeführt, sollten sich diese kurz vorstellen oder an dem nachfolgenden Kennenlernspiel teilnehmen.

(2) Kennenlernspiel[5]. Sofern sich die teilnehmenden Jungen noch nicht so gut kennen (z. B. weil sie unterschiedliche Gruppen der Kita besuchen) ergibt es Sinn, zu Beginn ein Namensspiel anzuleiten, bei dem die Kinder vertrauter miteinander werden. Wenn sich die Jungen bereits gut kennen, hat das Kennenlernspiel eher den Charakter eines „Eisbrecher-Spiels".

Namenskette	
Zu Beginn sitzen die Jungen im Kreis. Der Reihe nach nennt jeder Junge seinen Namen und eine Fähigkeit, die ihn selbst positiv charakterisiert. Der nächste Junge, der an der Reihe ist, wiederholt Namen und Fähigkeit des Jungen vor ihm und nimmt dieses Prozedere dann an sich selbst vor.	
Beispiel:	Ich heiße Luca und ich kann auf Bäume klettern. Dein Name ist Luca und du kannst auf Bäume klettern. Ich heiße Ali und ich kann Pizza backen.
Variation:	Anstatt reihum zu spielen, kann das Spiel durch einen Ball interessanter gemacht werden. Der Junge, der an der Reihe ist, rollt oder wirft den Ball einem anderen Jungen zu, der dann Namen und Fähigkeit des anderen Jungen nennt, bevor er selbst seinen Namen nennt und eine positive Fähigkeit von sich hinzufügt.
Alternative:	Mein Name ist wundervoll; Gute Seiten; Wer bin ich? (vgl. Download-Materialien)

(3) *Vorstellung von Pino in der Piratenrunde und gemeinsames Singen des Piratenlieds.* Nach Beendigung des Kennenlernspiels werden die Jungen von einer anleitenden Fachkraft und Pino (also der puppenspielenden Fachkraft) in die Rahmengeschichte eingeführt. Pino stellt sich zunächst kurz vor und versucht, in Interaktion mit den Kindern, dem Thema *Gefühle* näherzukommen. Dazu kann der Text im folgenden Kasten genutzt werden.

---

[5] Zu allen Spielen, die im weiteren Verlauf aufgeführt werden, gibt es auch immer Alternativen, die auf der Homepage des Verlags gesammelt als Download zur Verfügung stehen. Die Spielideen stammen zum größten Teil aus den beiden Büchern „Die besten 50 Spiele für mehr Selbstvertrauen" (vgl. Portmann, 2016) und „Die 50 besten Spiele für mehr Sozialkompetenz" (vgl. Portmann, 2015).

Pinos Geschichte zur *Einführung*	
Fachkraft:	*Hallo Kinder, wisst ihr denn, was das ist, was wir euch hier mitgebracht haben?* *(Schatzkiste)* *Genau, eine Schatzkiste. Diese Schatzkiste, die voller kleiner Schätze ist, hat unser Freund Pino, der Piratenpapagei, von einer Pirateninsel mitgebracht auf der er lange Zeit unter echten Piraten gelebt hat. Er ist den langen Weg von der Pirateninsel extra hierhin zu euch in den Kindergarten geflogen, um euch von seinen Abenteuern zu erzählen. Aber jetzt hat sich Pino in der Kiste versteckt und weigert sich heraus zu kommen. Sollen wir ihn vielleicht mal fragen, warum er nicht aus der Kiste kommen möchte?* *(In diesem Zusammenhang kann gefragt werden, wer sich von den Jungen an Pino wenden möchte, um ihn dies zu fragen.)*
Junge:	*Pino, warum kommst du denn nicht aus der Kiste?*
Pino:	*Ich bin nicht mutig genug, um aus der Schatzkiste zu kommen. Ich bin unheimlich aufgeregt und ich trau' mich nicht vor so vielen Jungen, die ich noch nicht richtig kenne, zu sprechen. Hier bei euch im Kindergarten ist alles so anders als auf der Pirateninsel und dem Piratenschiff...*
Fachkraft:	*Ach Pino, ich glaube, dass du es schaffen wirst aus der Kiste zu kommen. Du hast doch den Piratenkindern auf der Pirateninsel auch immer ganz tolle Geschichten erzählt. Es ist aber ganz normal, dass du ein bisschen Angst hast, vor so vielen neuen Gesichtern zu sprechen. Aber warte, ich habe vielleicht eine Idee, wie wir dir ein bisschen helfen können, deinen Mut wiederzufinden. Kinder, ich kenne da nämlich ein Lied, was der Pino immer gesungen hat, als er noch auf einem echten Piratenschiff gelebt hat, und vielleicht erinnert ihn dies an seine Zeit auf der Pirateninsel und er klettert aus der Kiste. Habt ihr Lust, das Lied mit mir ganz laut zu singen, wie echte Piratenkinder?*

Das Piratenlied wird nun eingeführt und mit den Jungen gesungen (Siehe Abb. 9, S. 80). Da die Melodie und der Liedtext für die Jungen ganz neu sind, reicht es in dieser Einheit aus, mit ihnen nur den Refrain und die erste Strophe zu üben. Die anleitenden Fachkräfte singen den Jungen den Refrain mehrmals langsam vor und kombinieren den Gesang nach und nach mit den Bewegungen (vgl. Kapitel 2.2). Die praktische Erfahrung zeigt, dass sich die Jungen den Liedtext im Normalfall sehr schnell aneignen. Auch wenn sie zunächst noch Schwierigkeiten mit dem Text und der Choreografie haben, macht ihnen das Üben des Piratenlieds trotz-

Abb. 9: Das Piratenlied „Ahoi, wir sind Piraten" (vgl. Download-Materialien)

dem großen Spaß. Pino wird gegen Ende des Piratenlieds aus der Kiste geholt, damit er die letzten Zeilen des Liedes bzw. die zweite Strophe mitsingen kann. Danach wird den Jungen durch Pino die Rahmengeschichte und die Thematik *Gefühle* eröffnet.

Pino:	*Hallo Kinder. Ihr habt ja wirklich so laut und toll gesungen wie die Piratenjungen auf der Insel! Als ich jetzt gerade das Piratenlied gehört habe, hat mich dies an die Pirateninsel und die vielen singenden Piratenkinder erinnert und plötzlich war mein Mut wieder da, so dass ich mich getraut habe zu euch rauszukommen. Damit ihr wisst, wer ich eigentlich bin, stelle ich mich euch kurz vor. Mein Name ist Pino, ich bin 99 Jahre alt und ich bin, wie ihr seht, ein wunderschöner, buntgefiederter, plappernder Papagei. Aber ich bin nicht irgendein Papagei, wie ihr ihn im Zoo oder im Urlaub schon einmal gesehen habt. Nein, ich bin ein geschichtenerzählender Piratenpapagei, der schon auf allen sieben Weltmeeren auf der Schulter eines echten Piraten gesegelt ist und viele Abenteuer und aufregende Sachen erlebt hat. Kinder, soll ich euch vielleicht etwas von meinem letzten Abenteuer in der Welt der Gefühle erzählen? (...)*
Fachkraft:	*Warte Pino, bevor du anfängst über deine Abenteuer in der Welt der Gefühle zu erzählen. Gefühle? Was sind denn überhaupt Gefühle? Kinder, wisst ihr denn, was das ist?*

In der *Piratenrunde* wird nun mit den Jungen über das Thema Gefühle gesprochen. Die Jungen können versuchen zu erklären, was sie unter Gefühlen verstehen. Welche Gefühle sie kennen und schon mal erlebt haben. Gegebenenfalls können von Pino und der anderen Fachkraft Tipps gegeben werden. So kann die Anleitung beispielsweise auf Pinos Gefühle zu Beginn der Piratenrunde hinweisen („Pino hat sich ja am Anfang nicht getraut aus der Schatzkiste zu klettern, weil er so aufgeregt war. Kennt ihr auch Situationen, in denen es euch ähnlich geht oder gegangen ist?"). Oder Pino kann fragen, wie sich die Kinder gerade fühlen („Wie geht es euch? Wie fühlt ihr euch denn jetzt gerade?"). Danach kann Pino die Antworten der Kinder aufnehmen und folgende Zusammenfassung geben sowie in das gemeinsame Erarbeiten der Gruppenregeln einleiten.

Pino:	*Toll! Viele haben gesagt, dass es ihnen heute ziemlich gut geht. Es ist für euch ein schönes Gefühl, wenn ihr etwas Tolles macht und ihr fröhlich und lustig seid. Manchmal geht es einem aber auch nicht so gut, wenn man zum Beispiel traurig oder wütend ist oder Angst hat. Gefühle sind also nicht immer gleich und ändern sich oft auch ganz schnell. Wenn ich euch von meinen Abenteuern erzähle, werden wir in den nächsten Wochen ganz viel über unsere unterschiedlichen Gefühle lernen und erkennen, dass diese Gefühle einen Namen haben. Wir werden auch zusammen versuchen an einem Gesicht, an einem Körper und an einer Stimme zu erkennen, wie sich andere Menschen fühlen.*
Fachkraft:	*Ihr werdet also in den nächsten Wochen mit Pino und uns auf eine Entdeckungsreise in die Welt der Gefühle gehen, wie es echte Piraten, Entdecker und Abenteurer machen. Ich nenne euch deshalb von nun an „Gefühlsabenteurer". Zunächst aber müssen wir für unsere gemeinsame Zeit ein paar Regeln festlegen!*

(4) *Erarbeitung der Gruppenregeln und Dekorieren der Schatzkisten.* Die Gruppenregeln sollen gemeinsam mit den Jungen erarbeitet werden. Hierzu werden die Jungen gefragt, was ihrer Meinung nach wichtig ist, damit das Projekt gut gelingen kann. Eine solche gemeinsame und kindzentrierte Regelfindung bietet einige Vorteile. Im Gegensatz zu einseitigen, durch die anleitenden Fachkräfte festgelegten Regelungen werden in gemeinsam ausgehandelten Regeln die Interessen aller am Gruppenprogramm teilnehmenden Kinder und Erwachsenen berücksichtigt. In diesem Zusammenhang muss sich die Anleitung darum bemühen, den Kindern zuzuhören und ihre subjektive Sicht der Situation zu verstehen. Wenn die anleitenden Fachkräfte der Meinung sind, dass die Kinder eine Regel gefunden haben, sollten sie sie dann zu formulieren versuchen. Auch die Regelungen, die aus Sicht der anleitenden Fachkräfte von großer Bedeutung sind, werden mit den Kindern besprochen.

Mögliche Gruppenregeln:

- Wir hören zu, wenn Pip, XY [anleitende pädagogische Fachkraft] oder ein anderes Kind spricht.
- Wir lassen andere ausreden.
- Wir sind nett und freundlich zueinander (keine Schimpfwörter, kein Schlagen, Spucken, Beißen, Treten etc.).
- Wir unterstützen uns gegenseitig.
- Beim Aufräumen helfen alle mit.
- Jeder von uns ist etwas ganz Besonderes.

Nachdem die Gruppenregeln erarbeitet und von den anleitenden Fachkräften zusammengefasst und wiederholt wurden, kann das gemeinsame Basteln der Schatzkisten eingeleitet und der Zusammenhang von Gruppenregeln und Schatzkistenrunde zum Schluss der Einheit verdeutlicht werden.

Fachkraft:	*Nun, da wir die Regeln festgelegt haben, haben Pino und ich uns überlegt, dass wir – gemeinsam mit euch – für jeden eine kleine Schatzkiste basteln, weil ein echter Gefühlsabenteurer natürlich auch eine Schatzkiste benötigt. Und wisst ihr was? Wenn es heute schon gut mit den Regeln klappt, dann bekommt jeder von euch zwei kleine Schätze aus unserer großen Schatzkiste am Ende der Stunde für seine eigene Schatzkiste. Wenn ihr euch einmal nicht an die Regeln haltet, es danach aber mit den Regeln klappt, dürft ihr euch immerhin noch einen Goldtaler oder Edelstein aussuchen. Wenn es mehr als einmal nicht mit den Regeln klappt, bekommt ihr leider nichts, aber könnt es beim nächsten Mal wieder versuchen.*

Beim gemeinsamen Verzieren der vorbereiteten Schatzkisten ist darauf zu achten, den Jungen die Möglichkeit zu geben, kreativ zu werden und ihre Schatzkisten nach eigenen Wünschen zu gestalten. Damit sich die Kreativität der Jungen entfalten kann, sollten aus diesem Grund diverse Stifte und eine Fülle an Materialien bereitgestellt werden, die von den Kindern genutzt werden können (es eignen sich z. B. Goldfolie, Muscheln, bunter Pappkarton, kleine Seesterne etc.). Um die Verletzungsgefahr zu minimieren, sollten die Kinder nur mit abgerundeten Scheren und mit dem Klebestift selbstständig arbeiten. Manche Materialien (z. B. Muscheln) können von den Kindern mit dem Klebestift nicht angebracht werden und lassen sich nur mit der Heißklebepistole verkleben. Diese sollte allerdings, auch aus Gründen der Verletzungsgefahr, nur von den pädagogischen Fachkräften benutzt werden.

(5) Kooperationsspiel. Zum Schluss der ersten Einheit bietet sich ein Spiel an, durch das die Gemeinschaft und der Zusammenhalt der Jungengruppe gestärkt werden. Nachdem Pino einen Einblick in die Piratenwelt gegeben hat, bietet sich nachfolgendes Spiel sehr gut für die erste, gemeinsam zu lösende Aufgabe der neu zusammengewürfelten Piratencrew an.

Die Flut kommt …	
Mit Zeitungspapier wird auf dem Boden eine Insel nachgebildet, auf der alle Jungen ausreichend Platz zur Verfügung haben. Die anleitenden Fachkräfte gehen anschließend um die Insel herum und reißen immer wieder Stücke davon ab. Die Jungen müssen folglich immer enger zusammenrücken und sich aneinander festhalten, sodass kein Junge ins Wasser fällt. Wie klein kann die Insel werden?	
Alternative:	Sturm auf hoher See; Der gordische Knoten (vgl. Download-Materialien)

(6) *Schatzkistenrunde.* Bei der Schatzkistenrunde werden die Jungen zunächst noch einmal durch Pino und die andere anleitende Fachkraft gebeten, sich die gemeinsam aufgestellten Gruppenregeln in Erinnerung zu rufen. Danach wird mit den Jungen ihr Verhalten während der Einheit im Hinblick auf die Einhaltung der Gruppenregeln reflektiert. Pino oder die zweite Fachkraft fragen die Jungen im Einzelnen hierzu: „Wie hat es heute bei dir mit den Regeln geklappt?", um in einem nächsten Schritt die restlichen Teilnehmer zum Verhalten des Jungen, der an der Reihe ist, zu fragen: „Was meint ihr? Hat es bei Adrian heute gut geklappt?" Danach geben Pino und ggf. die anleitende Fachkraft dem Jungen eine Rückmeldung und entscheiden, ob sich der Junge zwei, eine oder keine Kostbarkeit aus der großen Schatzkiste auswählen darf, die er dann in seiner eigenen Piratenkiste verstauen kann. Allerdings sollten gerade beim ersten Gruppentreffen demotivierende Frustrationserlebnisse vermieden werden. Jungen, die sich während des Gruppentreffens „danebenbenommen" haben, sollten zwar deutlich ermahnt werden, sich aber dennoch eine Kostbarkeit aus der Schatzkiste nehmen dürfen. Nachdem alle Jungen an der Reihe waren, verabschiedet sich Pino und wird wieder in die Schatzkiste zurückgelegt. Nachdem die Jungen mit den anleitenden Fachkräften den Raum aufgeräumt haben, werden die Piratenkisten der Jungen eingesammelt und die Elternbriefe (siehe Abb. 10, S. 85) verteilt. Danach werden die Jungen wieder in ihre Kita-Gruppe gebracht.

Erstes Gruppentreffen – „Kennenlernen"

Liebe Mama, lieber Papa,

heute haben wir im Kindergarten mit einem Projekt nur für Jungen, die bald in die Schule kommen, begonnen. Das Thema des Projekts ist, wie ihr vielleicht schon wisst, „Gefühle".
Rechts auf dem Bild seht ihr Pip, den Piratenjungen, der viele Abenteuer in der Welt der Gefühle erlebt hat. Sein Papagei Pino war heute bei uns und meinte, dass er uns ab nächster Woche viele Geschichten über Pip erzählen wird. Pino hat uns auch gesagt, dass wir in der nächsten Zeit ganz viel über Gefühle lernen und somit zu echten „Gefühlsabenteurern" werden. Ein echter Abenteurer braucht natürlich auch eine eigene Schatzkiste. Deshalb haben wir heute eine gebastelt. Wenn du mich nach meiner Schatzkiste fragst, kann ich sie dir vielleicht beschreiben und dir erklären, wofür wir diese brauchen. Am Ende des Projekts kann ich sie mit nach Hause bringen und dir meinen Schatz zeigen!

PS: Pino & Pip richten liebe Grüße aus!

Abb. 10: Elternbrief zur ersten Einheit (vgl. Download-Materialien)

4.2 Das zweite Gruppentreffen: „Freude"

EINHEIT II – Freude, Zufriedenheit, Fröhlichkeit		
Ziele:	✓ Die Emotion *Freude* bewusst wahrnehmen und zuverlässig benennen lernen ✓ Vermittlung von Wissen und Verständnis im Hinblick auf Situationen, in denen sich jemand freut ✓ Erarbeitung des entsprechenden Emotionsvokabulars ✓ Förderung von Zusammenhalt und Kooperation ✓ Erleben positiver Emotionen	
Inhalte (mit Zeitangabe in Minuten)		**Materialien**
▪ Begrüßung durch die Anleitung ▪ Wiederholung der Gruppenregeln ▪ Bewegungsspiel ▪ Piratenlied / Piratenrunde ▪ Kooperationsspiel ▪ Schatzkistenrunde	5 5 15 20 10 5	▪ Gruppenregeln ▪ Schatzkisten ▪ Handpuppe Pino ▪ Piratenkopftücher ▪ Piratenlied ▪ Gefühlsbuttons „Freude" ▪ Gefühlsszenenbild „Freude" ▪ Ausmalbild „Freude"

Wichtige Hinweise zur Vorbereitung: Nach der Durchführung von Einheit I ist es hilfreich, wenn die Fachkräfte die erarbeiteten Gruppenregeln aufschreiben und in kindgerechter Gestaltung (z. B. durch Symbole, da die Kinder noch nicht lesen können) auf einem Plakat festhalten. Beispielsweise kann die Gruppenregel „Wir hören uns aufmerksam zu" durch ein großes Ohr symbolisiert werden. Ab Einheit II werden die Gruppenregeln für alle gut sichtbar im Gruppenraum aufgehängt. In der Piratenkiste können heute Piratenkopftücher verstaut werden, da Pino diese den Kindern im Laufe der Rahmengeschichte mitbringt. Vor Einheit II müssen diese allerdings von den pädagogischen Fachkräften besorgt oder gebastelt werden.

*(1) **Begrüßung.*** Zu Beginn setzen sich die anleitenden Fachkräfte mit den Jungen in einen Kreis. Anschließend werden die Jungen begrüßt und für ihr Erscheinen gelobt („Toll, dass ihr wieder da seid!"). Bevor der Ablauf der zweiten Einheit vorgestellt wird, wiederholen die Fachkräfte mit den Jungen die gemeinsam aufgestellten Regeln und erläutern nochmals den Zusammenhang von Einhaltung der Regeln und Belohnung innerhalb der Schatzkistenrunde.

*(2) **Bewegungsspiel.*** Nach der Begrüßung sollen die Jungen in Bewegung kommen und sich einmal richtig austoben können. Erfahrungsgemäß tut den teilnehmenden Jungen dieses sportliche Element gut und fördert bei der anschließenden Piratenrunde Motivation und Konzentration. Vielen Kindern ist das Reaktionsspiel *Feuer, Wasser, Sturm* bereits bekannt, weshalb sich die Piratenversion dieses Spiels schnell und leicht einüben lässt.

Flut, Anker, Hai (Piratenversion von: Feuer, Wasser, Sturm)	
Zunächst laufen alle Jungen kreuz und quer durcheinander. Irgendwann erhalten die Jungen von einer anleitenden Fachkraft ein Kommando, worauf sie richtig reagieren müssen. Wer das Kommando zuletzt richtig ausführt, scheidet aus und darf das nächste Kommando übernehmen. Der Junge, der am Ende noch übrig ist, hat gewonnen.	
Kommandos:	**Die Flut kommt!** – alle Jungen müssen möglichst schnell irgendwo hochklettern (z. B. auf eine Holzbank, auf die Sprossenwand etc.).
	Anker setzen! – alle Jungen müssen in der Bewegung verharren und dürfen sich nicht bewegen, reden oder lachen.
	Ein Hai! – Hierfür muss ein Platz vereinbart werden, wohin die Jungen bei diesem Kommando flüchten können (z. B. eine Matratze in der Mitte der Turnhalle oder der Sandkasten im Außengelände).
Erweiterung:	Das Spiel kann beliebig und kreativ durch weitere Kommandos ergänzt werden, sobald alle Jungen die drei Kommandos verinnerlicht haben.
Alternative:	Der Hai kommt; Wer hat Angst vorm weißen Hai? (vgl. Download-Materialien)

*(3) **Die Piratenrunde und gemeinsames Singen des Piratenlieds.*** Im Anschluss an das Bewegungsspiel treffen sich die Jungen mit den Fachkräften in der Nähe von Pinos Schatzkiste im Sitzkreis. Mit dem nachfolgenden Text kann die anleitende Fachkraft kurz auf die vergangene Einheit eingehen und die Jungen zum gemeinsamen Singen des Piratenlieds animieren.

Fachkraft:	*Beim letzten Mal haben wir ja alle zusammen die Schatzkisten gebastelt und ihr habt Pino, den Piratenpapageien, kennengelernt. Heute wollte Pino euch von seinem ersten Abenteuer erzählen. Erinnert ihr euch? (...) Und habt ihr Lust dazu? (...) Dann müssen wir alle zusammen ganz laut unser Piratenlied singen und Pino rufen, um ihn aufzuwecken. Er ist nämlich mal wieder in der Schatzkiste eingeschlafen.*

Wie beim ersten Gruppentreffen werden noch einmal Schritt für Schritt die Textzeilen des Piratenlieds durchgegangen und die entsprechenden Bewegungen und Gesichtsausdrücke wiederholt. Nach ein bis zwei Trockenübungen wird das Piratenlied gemeinsam gesungen. Je nachdem, wie gut sich die Jungen an das Lied erinnern, kann bereits die dritte Strophe eingeübt werden. Während des zweiten Refrains erwacht Pino und singt laut mit. Anschließend kann die nachstehende Geschichte zur Einführung in die Emotion *Freude* genutzt werden.

Pinos Geschichte zur Emotion *Freude*	
Pino:	*Musstet ihr mich denn so aus meinen schönen Träumen aufwecken? Warum habt ihr mich denn nicht schlafen lassen?*
Fachkraft:	*Aber Pino, die Kinder wollen doch von deinen Abenteuern in der Welt der Gefühle erfahren. Nicht wahr, Kinder? (...)*
Pino:	*Okay, Jungs, dann fange ich mal an, euch von meinem letzten großen Abenteuer zu erzählen. Vor einem Monat segelte ich auf der Schulter eines Piratenjungen namens Pip auf dem großen Piratenschiff seines Vaters. Pip ist 5 Jahre alt und geht in den Piratenkindergarten auf einer einsamen Insel, wo sich die Piratenjungen und Piratenmädchen zum Spielen, Toben und Lernen treffen. Wisst ihr was? Ich habe euch Piratentücher mitgebracht, dann seht ihr fast so aus wie Pip.*
	(Verteilen der Piratentücher aus der Kiste)
	Nun zu dem ersten Abenteuer, das Pip und ich erlebten. Eines Tages waren wir mit dem großen Schiff unterwegs zu der Insel, auf der sich der Piratenkindergarten befindet. Wir segelten schon den ganzen

> Morgen und endlich kamen wir auf der Insel an. Pips Vater, der berühmte Pirat Kapitän Schwarzbart, der Mutige, nahm den kleinen Pip an der Hand und die beiden gingen an Land und er brachte ihn in seine Kindergartengruppe. Pip verabschiedete sich von seinem Papa, doch ich durfte bleiben und versteckte mich auf einem großen Baum, um Pip zu beobachten. Pip und die anderen Kinder spielten im Sand, als Pip plötzlich eine Flasche mit einem Zettel darin fand. Pip zog den Zettel aus der Flasche und konnte es kaum fassen: „Eine echte Schatzkarte!", rief er und sofort kamen die Kinder, um sich die Karte anzuschauen. „Tatsächlich!", staunten die Kinder und fingen sofort an, nach dem Schatz zu suchen. „10 Schritte nach Osten, 30 nach Süden bis zur großen Palme und dann noch 20 Schritte bis zu dem großen Stein und dahinter muss dann der Schatz sein", sagte Pip und die Kinder machten sich zusammen auf die Suche. Als sie zusammen bei dem großen Stein angekommen waren, nahm Pip eine Schippe zur Hand und buddelte. Und tatsächlich lag dort eine riesige, braune Holzkiste. Zusammen hoben die Kinder die Kiste aus dem Loch, und öffneten sie. Und wisst ihr was darin war? Ein echter Schatz aus Goldmünzen und Edelsteinen. Plötzlich grinste Pip bis über beide Ohren und lachte laut los. Auch die anderen Kinder klatschten in die Hände und waren über den gefundenen Schatz besonders glücklich. Möchtet ihr ein Bild davon sehen? (...)
> Wenn ich mich recht entsinne, habe ich euch eines mitgebracht!

Durch die letzte Zeile erteilt Pino der zweiten Fachkraft den Auftrag das Gefühlsszenenbild zur Emotion *Freude* (siehe Abb. 11, S. 89) hervorzuholen. Zudem eröffnet Pino den Jungen, dass er ihnen einen sogenannten *Gefühlsbutton* (siehe Abb. 12, S. 89) mitgebracht hat, auf dem zu sehen ist, wie Pip sich gerade fühlt („Ich habe sogar noch etwas dabei – ganz tolle Gefühlsbuttons! Darauf könnt ihr noch besser erkennen, wie Pip sich gerade fühlt! In meiner Schatzkiste müsste für jeden von euch ein Gefühlsbutton sein – Moment ... den dürft ihr behalten und später in eure eigene Schatzkiste packen!").

Nachdem die Jungen das Szenebild und ihren Gefühlsbutton für eine kurze Zeit betrachten konnten, besprechen die Fachkräfte mit ihnen die nachfolgend aufgezählten Fragen. Diese zielen darauf ab, dass sich die Jungen Emotionsausdruck, Emotionsvokabular und Emotionswissen erarbeiten und so in ihren emotionalen Kompetenzen gefördert werden.

- Kinder, könnt ihr kurz wiederholen, was in der Geschichte passiert ist?
- Wisst ihr, wie man das Gefühl genau nennt?
- Woran seht ihr an Pips Gesicht, wie er sich fühlt?
- Könnt ihr es auch am Körper erkennen, wie er sich fühlt? Wenn ja, woran genau?

Abb. 11: Die Gefühlsszene zu *Freude*

Abb. 12: Gefühlsbutton *Freude*

- Wie klingt die Stimme von Menschen, die sich freuen? Welche Geräusche macht man, wenn man sich freut?
- Warum freut sich Pip? Welchen Auslöser gab es für das Gefühl?
- Wie fühlt sich für euch Freude an? Wo im Körper fühlt ihr Freude?

Nachdem die Fragen gemeinsam beantwortet wurden, fragen die anleitenden Fachkräfte die Kinder, ob sie auch schon einmal so fröhlich/glücklich wie Pip gewesen sind und laden sie zu einem kleinen *Freude-Fragenquiz* ein. Reihum erzählt ein Junge, worüber er sich freut (z. B. „Ich freue mich, wenn ich mit meiner Familie in den Zoo gehe.", „Ich freue mich über Geschenke."). Die Jungen, die sich ebenfalls darüber freuen, dürfen ihren Gefühlsbutton hochhalten. Dadurch wird ersichtlich, dass sich nicht jeder über die gleichen Dinge freut, was die Anleitung gegenüber den Jungen verbalisieren sollten. Wenn danach noch genügend Zeit zur Verfügung ist, dürfen sich die Jungen ein Blatt Papier und Stifte nehmen, um ein besonders freudiges Erlebnis aufzumalen. Dieses Bild dürfen sie, gemeinsam mit dem Elternbrief, mit nach Hause nehmen und ihren Eltern zeigen. Dies ist eine Option, jedoch kein Muss.

Die Piratenrunde sollte in dieser Einheit nicht zu viel Zeit in Anspruch nehmen, da dies den Jungen viel Konzentration und Aufmerksamkeit abverlangt. Zum Abschluss der Piratenrunde fasst Pino die Ausführungen der Jungen zusammen und stellt fest, dass sie sich über viele verschiedene Sachen freuen können.

Pino:	*Toll, über wie viele Dinge ihr euch freut! Der Luca hat zum Beispiel gesagt, dass er sich besonders freut, wenn er mit seiner Familie in den Zoo geht, der Leon freut sich besonders über Geschenke, der Ali ist besonders glücklich, wenn er bei seiner Oma übernachten darf. Und ich freue mich meistens, wenn ihr das Piratenlied ganz laut für mich singt. Wir freuen uns, wenn es uns besonders gut geht; wir etwas machen können, was uns Spaß macht oder uns etwas Tolles passiert. Solche Erlebnisse machen uns besonders viel Freude.*

Danach leiten die pädagogischen Fachkräfte zum Kooperationsspiel über.

(4) Kooperationsspiel. Hat den Jungen das Spiel der ersten Einheit (*Die Flut kommt...*) gefallen, kann dieses erneut gespielt werden. Eine sehr lustige und spaßbringende Alternative ist das Kooperationsspiel *Sturm auf hoher See*. Dieses Spiel stärkt den Zusammenhalt und das Gemeinschaftsgefühl.

Sturm auf hoher See	
Die Jungen legen sich im Kreis auf den Bauch und die Köpfe zeigen dabei in die Kreismitte. Eine Fachkraft erzählt die folgende Geschichte: „Ihr seid eine Piratencrew auf Deck eines Schiffes. Die See ist unruhig, sie wird immer wilder. Hohe Wellen schlagen gegen euer Schiff. Haltet euch besser gut aneinander fest, damit euch das Wasser nicht von Bord spült." Die Jungen werden danach aufgefordert, sich gut ineinander zu verketten bzw. mit den Händen festzuhalten. Eine anleitende Fachkraft übernimmt die Rolle des Windes und des Meeres und versucht, die Kette der Jungen zu durchbrechen, indem sie an den Füßen der Jungen zieht. Ist ein Junge nicht mehr mit den anderen Jungen verbunden, wird er selbst zu Meer und Wind. Die restliche Crew versucht, möglichst schnell die Lücke zu schließen. Alternativ können auch zwei Jungen die Rolle des Meeres übernehmen.	
Anmerkung:	Erfahrungsgemäß ist die Reaktion der Jungen sehr positiv, wenn die Fachkräfte selbst auch einmal Teil der Piratencrew sind und gemeinsam mit ihnen gegen die Natur verlieren. Dabei erkennen sie, dass selbst der stärkste Mensch gegen die Naturgewalten machtlos ist.
Alternative:	Der gordische Knoten; Die Flut kommt… (vgl. Download-Materialien)

(5) Schatzkistenrunde. In der Schatzkistenrunde werden zunächst die Inhalte der zweiten Einheit wiederholt. Anhand des Gefühlsbuttons wird mit den Jungen noch einmal kurz auf Emotionsausdruck, Emotionsvokabular und Emotionswissen der thematisierten Emotion eingegangen. Dann wird die Schatzkistenrunde reihum, demselben Prozedere folgend wie in Einheit I, umgesetzt. Waren alle Jungen an der Reihe, verabschiedet sich Pino von den Jungen und legt sich in seiner Schatzkiste schlafen. Es wird gemeinsam aufgeräumt, die Anleitung sammelt die Schatzkisten ein, und bei der Verabschiedung wird den Jungen der Elternbrief (siehe Abb. 12, S. 92) zu Einheit II „Freude, Zufriedenheit" sowie das Ausmalbild, auf dem Pip fröhlich abgebildet ist, mitgegeben. Die anleitenden Fachkräfte bringen die Jungen danach wieder zurück in ihre Gruppen.

Zweites Gruppentreffen – „Freude"

Liebe Mama, lieber Papa,

heute hat uns Pino, der Papagei, eine Geschichte über Pip und das Gefühl „Freude" erzählt. Schaut mal, so sah das Gesicht von Pip aus, als er sich freute.

Vielleicht kannst du mich fragen, was Pip in der Geschichte passiert ist und woran ich erkenne, dass er sich freut?
Ich könnte die Antwort nämlich wissen, da ich gerade dabei bin, ein Gefühlsabenteurer zu werden und ganz viel über Gefühle lerne.
Weißt du eigentlich, worüber ich mich so richtig freue und woran du das erkennst? Jetzt bist du dran: Worüber freust du dich?

PS: Pino & Pip richten liebe Grüße aus!

Abb. 13: Elternbrief zur Emotion *Freude* (vgl. Download-Materialien)

4.3 Das dritte Gruppentreffen: „Wut"

EINHEIT III – Wut, Ärger, Zorn	
Ziele:	✓ Die Emotion *Wut* bewusst wahrnehmen und zuverlässig benennen lernen ✓ Vermittlung von Wissen und Verständnis im Hinblick auf Situationen, in denen jemand wütend ist ✓ Erarbeitung des entsprechenden Emotionsvokabulars ✓ Entwicklung von adaptiven Emotionsregulationsstrategien im Umgang mit *Wut* ✓ Spielerische Stärkung des Selbstwertgefühls
Inhalte (mit Zeitangabe in Minuten)	**Materialien**
■ Begrüßung durch die Anleitung　　　　　　5 ■ Bewegungsspiel　　　　　　　　　　　　　15 ■ Piratenlied / Piratenrunde　　　　　　　　20 ■ Selbstwertsteigerndes Spiel / Entspannungsübung　　　　　　　　　　　15 ■ Schatzkistenrunde　　　　　　　　　　　　5	■ Gruppenregeln ■ Schatzkisten ■ Handpuppe Pino ■ Piratenlied ■ Gefühlsbuttons „Wut" ■ Gefühlsszenenbild „Wut" ■ Ausmalbild „Wut" ■ Wutkissen

(1) Begrüßung. In einer kurzen Begrüßungsrunde erfragen die anleitenden Fachkräfte, wie es den Jungen gerade geht und loben sie für ihr Erscheinen. Im Anschluss informieren sie die Jungen darüber, was im dritten Arbeitstreffen geplant ist.

(2) Bewegungsspiel. Abhängig davon, wie das gewählte Bewegungsspiel in Einheit II bei den Jungen Anklang gefunden hat, ist es entweder sinnvoll, das Spiel zu wiederholen oder eine Alternative zu erproben. Die Jungen werden daher zunächst gefragt, wie ihnen das Spiel *Flut, Anker, Hai* gefallen hat und ob sie es erneut spielen möchten. Haben die Jungen die Kommandos bereits verinnerlicht, fällt der Jungengruppe und den Fachkräften möglicherweise auch noch ein zusätzliches Kommando ein, damit das Spiel weiter spannend und herausfordernd bleibt. Wurde in Einheit II ein anderes Bewegungsspiel gewählt, so kann dieses nach der Begrüßung erneut gespielt werden.

(3) Die Piratenrunde und gemeinsames Singen des Piratenlieds. Bevor Pino mit dem Piratenlied geweckt wird, wiederholen die Fachkräfte mit den Jungen die in der letzten Einheit kennengelernte Emotion *Freude*. Hierfür werden die Jungen aufgefordert, den Gefühlsbutton aus ihrer Schatzkiste zu holen. Anhand folgender Fragen werden Emotionsausdruck, Emotionsvokabular und Emotionswissen rekapituliert:

- Woran erkennt ihr, dass sich jemand freut? Könnt ihr mir das Gesicht beschreiben? Wie ist die Körperhaltung?
- Welche Situationen kennt ihr, in denen sich jemand freut? Wann freut ihr euch?

Nach Beantwortung der letzten Frage stellen die anleitenden Fachkräfte fest, dass Pino fehlen würde und wohl geweckt werden müsse. Mit Hilfe des Piratenlieds wird Pino wach und von der puppenspielenden Fachkraft aus seiner Schatzkiste geholt. Die letzten Zeilen des Liedes singt Pino gemeinsam mit den Kindern laut mit und führt anschließend mit dem nachfolgenden Text die Emotion *Wut* ein.

Pinos Geschichte zur Emotion *Wut*	
Pino:	Ihr singt ja schon so laut wie echte Piratenkinder! Toll! So langsam werdet ihr zu echten Gefühlsabenteurern. Wollt ihr denn auch wissen, was mit dem Schatz, den Pip und die Kinder gefunden haben, passiert ist? (...) Also, als die Kinder die Schatztruhe geöffnet und die ganzen Edelsteine und Goldmünzen gesehen hatten, überlegten sie, dass sie den Schatz ja untereinander aufteilen könnten, sodass jeder von ihnen gleich viele, glänzende Goldtaler und funkelnde Edelsteine bekäme. Dies taten sie auch! Die Münzen und Edelsteine füllten die

	Kinder dann in kleine Kisten, die sie zusammen mit dem Piratenerzieher gebastelt hatten. Pip und die anderen Kinder freuten sich sehr über ihre kleinen Schätze, die sie später stolz ihren Pirateneltern zeigen wollten. Plötzlich fiel Pips Freund Muri hin und Pip legte seine kleine Schatzkiste kurz zur Seite, um Muri wieder auf die Beine zu helfen. Da sah er, wie Rudi Langfinger einfach seine Kiste aufhob und mitnehmen wollte. Als Pip das sah, wollte er am liebsten ganz laut mit Rudi schimpfen, ihn anbrüllen und wegschubsen. Ihm wurde ganz heiß und er merkte, wie sein Herz schneller klopfte, er die Zähne zusammenbiss und die Faust ballte. (Schreigeräusch. Danach kurze Pause.)
Fachkraft:	*Oh, Pino, das klingt gar nicht gut. Hm, hast du denn dazu auch ein Bild mitgebracht?*

Identisch zu Einheit II zeigen die pädagogischen Fachkräfte den Jungen das Gefühlsszenenbild zur Emotion *Wut siehe* (Abb. 14, S. 95) und verteilen die Wut-Gefühlsbuttons (Abb. 15, S. 95). Die Jungen werden aufgefordert, sich das Bild und den Button gut anzuschauen, um sich dann mit folgenden Fragen Emotionsausdruck, Emotionsvokabular und Emotionswissen zu erarbeiten:

- Kinder, könnt ihr kurz wiederholen, was in der Geschichte passiert ist?
- Wisst ihr, wie man das Gefühl genau nennt? (Wut/Ärger/Zorn)
- Woran seht ihr an Pips Gesicht, wie er sich fühlt? Könnt ihr es auch am Körper erkennen? Wenn ja, woran genau? Wie sieht Wut bei euch aus?
- Wie klingt die Stimme von Menschen, die wütend/zornig sind? Machen sie auch manchmal besondere Geräusche?
- Warum ist Pip so wütend geworden?
- Wart ihr auch schon einmal so wütend wie Pip? Wenn ja, in welchen Situationen werdet ihr wütend?
- Wie fühlt ihr euch, wenn ihr wütend seid? Wo im Körper fühlt ihr Wut und Zorn?

Abb. 14: Die Gefühlsszene zu *Wut*

Abb. 15: Gefühlsbutton *Wut*

Erfahrungsgemäß verwenden viele Kinder spontan den Begriff „böse", um die Emotion Wut zu beschreiben. Zum einen ist dieser Begriff sehr unpräzise, zum anderen beinhaltet er eine negative Bewertung der Emotion, in dem Sinne, dass es falsch ist, wütend zu sein. Die anleitende pädagogische Fachkraft sollte darauf reagieren, indem sie darauf hinweist, dass der Begriff „fast richtig" sei. Trotzdem sei es aber besser und genauer, die Worte wütend und/oder zornig zu verwenden, wenn über diese Emotion gesprochen wird. Es sollte deutlich werden, dass Wut kein „böses" oder „verbotenes" Gefühl ist, sondern eines, das in manchen Situationen völlig normal und natürlich ist. Jeder Mensch ist auch mal wütend oder zornig. Somit hat Wut die gleiche Berechtigung unter den Gefühlen wie Freude, Trauer, Angst etc.

Pino fasst die Erkenntnisse der Fragerunde abschließend zusammen und erzählt seine Geschichte zu Ende unter Berücksichtigung, wie mit Wut umgegangen werden kann.

| Pino: | Manchmal sind wir so wütend, dass wir ganz laut schreien, etwas kaputt machen oder jemand anderem wehtun wollen. Dann wird uns oft ganz heiß (oder auch manchmal kalt) und wir kneifen die Augen und Zähne zusammen und unser Herz schlägt ganz schnell. Dies passiert zum Beispiel, wenn uns jemand ärgert, etwas wegnimmt oder kaputt macht oder uns selbst etwas nicht gelingt. Soll ich euch erzählen, wie die Geschichte weiterging? (...)
Pip war so unglaublich wütend auf Rudi, dass er ihn hauen, anschreien und treten wollte. Er rannte auf ihn zu und schubste ihn weg, woraufhin Pips kleine Schatzkiste im hohen Bogen aus Rudis Hand mitten auf einen großen Stein fiel und in viele kleine Einzelteile zerbrach. All die schönen, glitzernden Edelsteine fielen aus der Kiste in den Sand und verschwanden. Pip wurde noch zorniger und schrie: „Siehst du, Rudi! Nur wegen dir ist meine Kiste jetzt kaputt!" Rudi kamen die Tränen und er antwortete mit weinerlicher, zittriger Stimme: „Ich dachte du hättest deine Kiste vergessen und deshalb habe ich sie aufgehoben, um sie dir wiederzugeben." Als er das gesagt hatte, rannte er weinend zurück zum Piratenkindergarten und ließ Pip alleine.
Als ich Pip so alleine stehen sah, flog ich runter, setzte mich auf seine Schulter und sagte zu ihm: „Du, Pip, ich kann verstehen, dass du wütend geworden bist, weil du dachtest, dass Rudi dir deine Kiste wegnehmen will. Aber ich finde es ganz schön ungerecht, dass du ihn einfach weggeschubst hast. Wie würdest du dich fühlen, wenn ein anderes Kind so etwas mit dir macht?" „Ach, Pino", antwortete Pip, „du hast ja Recht! Ich finde es auch nicht schön, wenn mich jemand anschreit, und wenn mich jemand schubst, dann tut das weh. Aber ich war doch so wütend auf Rudi. Ich weiß aber einfach nicht, was ich gegen meine Wut machen |

> kann. Es ist so, als hätte ich eine große Wut-Kanonenkugel in meinem Bauch, die immer größer wird und dann einfach explodiert." (...)
> Kinder, habt ihr vielleicht ein paar Ideen, was man machen könnte, um zu verhindern, dass die Wut-Kanonenkugel explodiert und man dann furchtbar wütend wird?
> (Abwarten, ob Kinder eine Idee haben - sonst fortfahren.)
> Glücklicherweise hatte auch ich ein paar Tipps für Pip. Ich sagte ihm, dass es oft schon hilft, wenn man ganz tief Luft holt und sich dann leise oder im Kopf sagt: „Nur ruhig Blut, das tut gut!"[6], damit die Wut nicht immer größer und größer wird, oder dass er versuchen kann, die ganze Wut in den Boden zu stampfen oder ein dickes Kissen zu verprügeln. Pip fand die Ideen super und fing gleich an, feste auf den Boden zu stampfen. Langsam wurde die Wut weniger. Danach machte er sich zum Kindergarten auf, um sich bei Rudi zu entschuldigen.

Im Anschluss laden die pädagogischen Fachkräfte die Jungen dazu ein, selbst einmal so zu tun, als wären sie wütend/zornig. Im Stehkreis werden sie animiert, unterschiedliche Aspekte der mimischen Darstellung von *Wut* auszuprobieren (z. B. die Zähne zusammenzubeißen, mit der Faust zu drohen, die Augenbrauen zusammenzuziehen etc.), um dann einen von Pinos Ratschlägen zu befolgen, wie die Wut wieder kleiner gemacht werden kann. Dafür stampfen alle Jungen auf den Boden (können dabei durch den Raum gehen), ohne jemanden zu verletzen oder etwas kaputt zu machen. Alternativ können die anleitenden Fachkräfte, wie in der Erzählung Pinos, die Methodik des Wutkissens einführen. Dafür bekommen die Jungen ein dickes, weiches Kissen, auf das sie sich setzen und mit beiden Fäusten in dieses ihre Wut ablassen können. Pino kann den Jungen Ratschläge geben oder durch kleine Witze oder lautes Lachen die Stimmung der Jungen auflockern. Beginnen die Kinder selbst zu lachen, kann er mitlachen und ein Lob für die Bewältigung der Wut aussprechen („Juhu, du hast es geschafft! Die Wut ist weg, du lachst ja schon wieder!").

Pino:	*Stellt euch vor, ihr hättet genau wie Pip eine Wut-Kanonenkugel in eurem Bauch, die immer größer und größer wird. Stellt euch vor, euch nimmt jemand euer Spielzeug weg oder jemand ist ganz gemein zu euch oder ihr dürft eure Lieblingssendung heute nicht im Fernsehen anschauen. Wie sieht euer Gesicht dann aus? Wie fühlt sich euer Körper an? Versucht mal, ein ganz wütendes Gesicht zu machen. Und ihr merkt, wie die Wut-Kanonenkugel immer weiterwächst. Nun ist sie schon riesig und droht zu explodieren. Das wollt ihr verhindern. Die Wut-Kanonenkugel soll wieder kleiner werden. Deshalb sagt ihr euch: „Nur ruhig Blut, das tut gut!" Probiert es einmal aus! (...)*

---

[6] Dieser Satz ist unter den Helfersätzen zur Selbstinstruktion im Buch „Psychotherapie für Kinder und Jugendliche" von Gudrun Görlitz (vgl. Görlitz, 2015) zu finden.

> *Versucht, es euch selbst zu sagen und dann stampft ihr auf den Boden (oder schlagt in ein Wutkissen) und ihr merkt, wie mit jedem Stampfen (jedem Schlag ins Kissen) die Wut-Kanonenkugel etwas kleiner wird, bis sie sogar vielleicht ganz verschwindet. Wird die Wut kleiner? Merkt ihr etwas? Hat euch mein Tipp geholfen?*

Zum Ende hin können die Jungen kurz gefragt werden, ob ihnen das Stampfen auf den Boden oder das Wutkissen geholfen haben, die Wut zu verkleinern. Darüber hinaus werden die Jungen ausdrücklich gelobt („Ihr habt die Wut total gut gespielt!") und daran erinnert, was bei Wut hilft, ohne dass dabei ein anderer Mensch zu Schaden kommt.

(4) **Selbstwertsteigerndes Spiel / Entspannungsübung.** Nach den „Wut-weg"-Übungen tut es den Jungen gut, wenn sie durch ein Spiel eine Stärkung ihres Selbstwertgefühls und Selbstvertrauens erhalten. Auf dem *Palmenthron* können sie diese Erfahrung machen, indem die anderen Jungen ihnen ein positives Feedback geben. Gleichzeitig hilft dieses Spiel zur Verringerung bzw. Überwindung von Konflikten.

Der Palmenthron (Piratenversion von: Heißer Stuhl)

Die Jungen setzen sich in einen Halbkreis. Vor den Halbkreis wird ein Stuhl gestellt – der Palmenthron eines berühmten, alten Meisterpiraten (an den Namen erinnert sich leider keiner mehr). Der erste Junge im Halbkreis setzt sich auf den Thron und sucht sich zwei Jungen heraus, indem er auf sie zeigt, und die ihm ein positives Feedback geben dürfen. Dieses muss immer mit dem Satzanfang „Ich mag an dir, dass du..." beginnen. Genannt werden kann dabei alles Mögliche – positives Verhalten, gutes Aussehen, besondere Fähigkeiten, coole Kleidung etc. Der Junge, der auf dem Palmenthron sitzt, antwortet auf jedes Kompliment mit den Worten „Ich danke dir."

Beispiel:	„Felix, ich mag an dir, dass du so gut Witze erzählen kannst." „Ich danke dir!"
Alternative:	Loberunde; Ich bin der Kapitän! (vgl. Download-Materialien)

Als kontemplativer Gegenpol zur Emotion Wut wäre an diesem Punkt die Ausführung einer Entspannungsübung sinnvoll. Wie oben erwähnt, sollte die Entscheidung hierüber davon abhängig gemacht werden, ob die Jungen bereits mit Entspannungsübungen vertraut sind. Grundsätzlich sind Übungen der Progressiven Muskelentspannung[7] gut geeignet, da diese die Jungen für ihre eigene Körperwahrnehmung sensibilisieren. Die Herbeiführung und die bewusste Wahrnehmung

---

[7] Die Ideen für die Entspannungsübungen stammen aus dem Buch „Ganzheitliche Entspannungstechniken für Kinder" von Ursula Salbert (vgl. Salbert, 2015). Bestehende Übungen wurden transferiert in die, dem Gruppenprogramm eher entsprechende Piratenszenerie.

von An- und Entspannungsgefühlen sowie damit einhergehenden körperlichen Vorgängen fördert die Entwicklung adaptiver Emotionsregulationsstrategien, die beim Umgang mit Wut von großer Bedeutung sind. Nachfolgend werden zwei Übungen vorgestellt, die auch für „Gefühlsabenteurer" umsetzbar sind.

Entspannungsübung (Progressive Muskelentspannung)	
Die Meuterei: Die Jungen liegen auf einer Matte oder sitzen auf einem Stuhl und spüren nacheinander ihr Gesicht, die Stirn, die Nase, die Augen, den Mund, die Wangen. Anschließend sollen sie die Zähne zusammenbeißen, wie ein Pirat, der sich einen Säbel dazwischen klemmt und ein Schiff kapern möchte. Die Kinder ziehen eine entsprechende Grimasse. Beim Entspannen klappt dann der Unterkiefer nach unten und der Mund wird leicht geöffnet. Die Gesichtsmuskeln fühlen sich warm und weich an. Die Übung kann einige Male wiederholt werden bzw. mit der unten angeführten Alternative ergänzt werden.	
Beispiel:	„Legt euch bequem auf euren Rücken, nehmt ein Kissen unter den Kopf und schließt jetzt oder später die Augen. Wer möchte, kann auch an die Zimmerdecke schauen. +++ Nun spürt ihr euer Gesicht. +++ Die Stirn, die Augenbrauen, die Augenlider, die Nase, die Wangen, die Lippen und euer Kinn. +++ Gleich spannt ihr alle Gesichtsmuskeln an, wie ein wütender Pirat, der einen Säbel zwischen den Zähnen hat. **Jetzt anspannen!** Spürt einmal, wie hart eure Gesichtsmuskeln sind. **Jetzt loslassen!** Alle Muskeln werden weich. Fühlt einmal, wie weich und warm eure Muskeln im Gesicht jetzt sind. +++
Alternative:	*Der stärkste Pirat:* (Beginn wie oben) +++ Nun spürt ihr in eure Schultern, eure Oberarme, eure Unterarme und eure Hände. +++ Gleich spannt ihr alle Muskeln in den Armen und Händen an, wie der stärkste Pirat, den ihr euch vorstellen könnt. **Jetzt anspannen!** Spürt einmal, wie hart eure Arm- und Handmuskeln sind. **Jetzt loslassen!** Alle Muskeln werden weich. Fühlt einmal, wie weich und warm eure Arm- und Handmuskeln jetzt sind. +++
Anmerkung:	Die fettgedruckten Worte „Jetzt anspannen!" und „Jetzt loslassen!" werden betont und etwas lauter gesprochen.

(5) Schatzkistenrunde. Mit Hilfe des Gefühlsbuttons „Wut" wird das Gelernte (Emotionsausdruck, Emotionsvokabular sowie Emotionswissen) kurz wiederholt. Danach schließt sich die Schatzkistenrunde nach dem bekanntem Muster an: Die Jungen bekommen Inhalte für die Schatzkiste bei Einhaltung der Gruppenregeln. Abschließend werden die Elternbriefe (siehe Abb. 15, S. 100), die Ausmalbilder verteilt und die Jungen verabschiedet.

Drittes Gruppentreffen – „Wut"

Liebe Mama, lieber Papa,

heute hat uns Pino – ja, das ist der Papagei – eine Geschichte über Pip und das Gefühl „Wut" erzählt. Schaut mal, so sah das Gesicht von Pip aus, als er wütend war.

Wenn du möchtest, kannst du mich fragen, was Pip passiert ist und woran ich erkenne, dass er wütend ist? Da ich gerade dabei bin ein Gefühlsabenteurer zu werden, lerne ich ganz viel über Gefühle und könnte die Antwort auf deine Fragen wissen.
Weißt du eigentlich, was mich so richtig wütend macht und woran du das erkennst? Falls du wissen möchtest, wie man seine Wut kleiner machen kann, kann ich dir von Pinos Tricks erzählen, die er uns heute beigebracht hat.
Erzähl mal, wann warst du das letzte Mal wütend und was hast du dann gemacht?

PS: Pino & Pip richten liebe Grüße aus!

Abb. 16: Elternbrief zur Emotion *Wut* (vgl. Download-Materialien)

4.4 Das vierte Gruppentreffen: „Trauer"

EINHEIT IV – Trauer, Traurigkeit	
Ziele:	✓ Die Emotion *Trauer* bewusst wahrnehmen und zuverlässig benennen lernen ✓ Vermittlung von Wissen und Verständnis im Hinblick auf Situationen, in denen jemand traurig ist ✓ Erarbeitung des entsprechenden Emotionsvokabulars ✓ Entwicklung von adaptiven Emotionsregulationsstrategien im Umgang mit *Trauer* ✓ Förderung von Empathie ✓ Einüben prosozialen Verhaltens
Inhalte (mit Zeitangabe in Minuten)	**Materialien**
▪ Begrüßung durch die Anleitung 5 ▪ Bewegungsspiel 10 ▪ Piratenlied / Piratenrunde 25 ▪ Kooperationsspiel / 15 Selbstwertsteigerndes Spiel ▪ Schatzkistenrunde 5	▪ Gruppenregeln ▪ Schatzkisten ▪ Handpuppe Pino ▪ Piratenlied ▪ Gefühlsbuttons „Trauer" ▪ Gefühlsszenenbild „Trauer" ▪ Ausmalbild „Trauer"

(1) Begrüßung. Zu Beginn werden die Jungen wie immer begrüßt, auf ihr aktuelles Befinden angesprochen und gelobt, dass sie an der heutigen Einheit teilnehmen. Danach geben die anleitenden Fachkräfte einen kurzen Überblick, welcher Struktur und welchen Inhalten Einheit IV folgt.

(2) Bewegungsspiel. Am Ende der Begrüßung werden die Jungen gefragt, ob sie das Bewegungsspiel der letzten beiden Gruppentreffen noch einmal spielen wollen. Teilweise ist zu diesem Zeitpunkt das Spiel bereits zum Ritual geworden, sodass viele Jungen gerne daran festhalten wollen. Die anleitenden pädagogischen Fachkräfte können sich in dieser Einheit überlegen, ob sie dennoch eine Alternative mit der Jungengruppe ausprobieren wollen, sodass in der darauffolgenden Einheit V die Wahlmöglichkeit zwischen zwei Bewegungsspielen besteht. Eine Alternative wäre zum Beispiel das Spiel *Der Hai kommt*.

Der Hai kommt	
Die Jungengruppe teilt sich für dieses Spiel in vier Gruppen auf. Sollten nur wenige Jungen im Allgemeinen oder bei dieser Einheit anwesend sein, kann auch die Aufteilung in zwei Gruppen einen Sinn ergeben. Jede Gruppe wird zu einer Fischart (Heringe, Makrelen, Barsche, Schollen) und sucht sich in einer Ecke des Raumes ihre Höhle. Ein Junge wird zum Hai bestimmt, der zunächst am Rand des Raumes bzw. des Meeres verweilt. Dann fangen alle Fische an im Meer herumzuschwimmen, indem sich die Jungen kreuz und quer durch den Raum bewegen. Ruft eine Fachkraft „der Hai kommt", beginnt der Hai, die Fische in der Mitte des Raumes zu fangen. Diese wiederum bemühen sich, schnell zurück in ihre Höhlen zu kommen. Erwischt ein Hai einen Fisch, wird dieser für die nächste Runde zum Hai.	
Variation:	Die gefangenen Fische können auch zu zusätzlichen Haien werden, bis kein Fisch mehr übrig bleibt.
Alternative:	Flut, Anker, Hai; Wer hat Angst vorm weißen Hai? (vgl. Download-Materialien)

(3) Die Piratenrunde und gemeinsames Singen des Piratenlieds. Nach dem Bewegungsspiel holen die Jungen den Gefühlsbutton der letzten Einheit aus ihrer Schatzkiste, sodass in einem kurzen Gespräch noch einmal Ausdruck, Vokabular und Wissen zur Emotion *Wut* wiederholt werden können. Dabei können die pädagogischen Fachkräfte folgende Fragen stellen:

- Woran erkennt ihr, dass jemand wütend ist? Könnt ihr mir das Gesicht beschreiben? Wie ist die Körperhaltung? Was für Geräusche machen wütende Menschen?
- Habt ihr euch in der vergangenen Woche mal so richtig geärgert? Wenn ja, warum?

- Erinnert ihr euch noch an die riesige Wut-Kanonenkugel? Was könnt ihr tun, damit diese kleiner wird?

Danach wird durch Singen und Tanzen des Piratenlieds Pino aus seinem Schlaf gerissen. Die folgende Geschichte von Pino stellt die Emotion *Trauer* vor.

Pinos Geschichte zur Emotion *Trauer*	
Pino:	*Guten Morgen, Kinder! Nun wisst ihr ja schon über mehrere Gefühle Bescheid. Ihr könnt schon erkennen, wann andere Kinder und Erwachsene fröhlich oder wütend sind. Ihr werdet langsam richtige Gefühlsabenteurer. Wollt ihr denn erfahren, wie die Geschichte vom letzten Mal zu Ende ging? (...)* *Nachdem Pip sich im Piratenkindergarten bei Rudi entschuldigt hatte, setzte er sich draußen in den Schatten einer großen Palme. Dort saß er nun mit gesenktem Kopf und hängenden Schultern, und er konnte nicht aufhören, an seine kaputte, kleine Schatzkiste und seine verlorenen Edelsteine und Goldtaler zu denken. Er hätte sie doch so gern seinem Vater und den anderen Piraten auf dem Schiff gezeigt. Es war doch alles nur seine Schuld. Wenn er doch bloß nicht so schnell wütend geworden wäre und Rudi geschubst hätte. Jetzt haben alle anderen Kinder eine tolle, kleine Schatzkiste und nur ich stehe ohne da, dachte sich Pip. Seine Augen wurden feucht und plötzlich liefen ihm die Tränen über die Wangen. Laut fing er an zu schniefen und zu schluchzen. Er konnte gar nicht mehr aufhören.* (Weinen imitieren.)

Nachdem die Jungen das Gefühlsszenenbild der Emotion *Trauer* (siehe Abb. 17, S. 103) betrachtet und die Gefühlsbuttons (Siehe Abb. 18, S. 103) bekommen haben, erarbeiten die Fachkräfte zusammen mit Pip und den Jungen das passende Vokabular und die dazugehörige Mimik und Gestik. In diesem Zusammenhang werden die nachstehenden Fragen behandelt:

- Kinder, könnt ihr kurz wiederholen, was in der Geschichte passiert ist?
- Wisst ihr, wie man das Gefühl genau nennt? (Trauer/traurig sein/Traurigkeit)
- Woran seht ihr an Pips Gesicht, wie er sich fühlt? Könnt ihr es auch am Körper erkennen? Wenn ja, woran genau? Wie seht ihr aus, wenn ihr traurig seid?
- Wie klingt die Stimme von Menschen, die traurig sind? Machen sie auch manchmal besondere Geräusche?
- Warum ist Pip auf einmal so traurig geworden?
- Wie fühlt ihr euch, wenn ihr traurig seid? Spürt ihr das irgendwo im Körper? (Kloß im Hals/keine Luft bekommen/Bauchschmerzen)
- Wann wart ihr das letzte Mal traurig? Was ist passiert, dass ihr traurig wart?

Abb. 17: Die Gefühlsszene zu *Trauer*

Abb. 18: Gefühlsbutton *Trauer*

Zum Schluss der Fragerunde fasst Pino das Gesagte, zum Beispiel wie im nächsten Kasten aufgeführt, zusammen und erzählt den zweiten Teil der Geschichte.

Pino:	*Toll! Ihr Gefühlsabenteurer habt richtig erkannt, dass Pip traurig ist. Traurig ist man oft, wenn einem etwas nicht so Schönes passiert... zum Beispiel, wenn man sich alleine fühlt oder im Kindergarten nicht mitspielen darf, wenn das Lieblingskuscheltier auf einmal verschwunden ist oder man ein Spiel verliert. Wenn man traurig ist, macht man sich oft ganz klein, man blickt traurig einher und weint. Oft hat man dann auch keine große Lust mit anderen zu spielen und zu reden. Wollt ihr wissen, wie die Geschichte vom traurigen Pip weitergeht? (...)* *Als Pip weinend unter der Palme saß, sah er von weitem, wie das Piratenschiff auf der Pirateninsel anlegte, um ihn vom Kindergarten abzuholen. Immer noch laut schluchzend und weinend, rannte er auf das Piratenschiff zu und kletterte die Leiter hoch, um an Deck zu gelangen. Dort angekommen, kam ihm sein Piratenonkel Jack entgegen. Jack sah, dass Pip weinte und sagte zu ihm: „Hör auf zu weinen, du Heulsuse. Du bist ein Piratenjunge. Und die weinen nicht!" „Aber meine schöne Schatzkiste ist kaputtgegangen, und ich habe alle meine Edelsteine verloren", erwiderte Pip unter Tränen. „Stell dich doch nicht so an, du Mädchen!", unterbrach ihn sein Onkel Jack. Pip rannte auf sein Zimmer und konnte nicht aufhören zu weinen. Nach einer Zeit kam sein Vater, Kapitän Schwarzbart, der Mutige, in sein Zimmer, nahm ihn in den Arm und fragte: „Pip, warum weinst du denn? Was ist passiert?" Pip erzählte alles: dass er einen Schatz gefunden hatte, und seine kleine Schatzkiste, die er ihm so gerne gezeigt hätte, kaputtgegangen war und er sich mit Rudi gestritten hatte. Der Piratenpapa nahm Pip noch fester in den Arm und sagte mit ruhiger Stimme: „Das kann ich mir gut vorstellen. Dass du jetzt traurig bist, und dass du deswegen weinen musst, ist gut. Nachdem man geweint hat, geht's einem meistens besser! Ich bin übrigens furchtbar stolz auf dich, mein Sohn, dass du dich bei Rudi entschuldigt hast und deinen Schatz mit den anderen Kindern geteilt hast. Wie wäre es, wenn wir am Wochenende mit dem Schiff zu einer anderen Insel fahren, um dort auf Schatzsuche zu gehen?" „Eine super Idee, Papa!", antwortete der nun wieder strahlende Pip. „Ich werde Rudi fragen, ob er Lust hat mitzukommen."*

Im Anschluss an die Geschichte spielen die anleitenden Fachkräfte mit den Jungen ein kurzes Spiel. Die Jungengruppe wird in zwei gleich große Gruppen aufgeteilt. Zunächst läuft eine Gruppe durch den Raum, als wären sie der traurige Pip. Die andere Gruppe wird danach losgeschickt und versucht im Folgenden, die traurigen Piratenjungen zu trösten und aufzumuntern. Die Jungen können dabei unterschiedliche Verhaltensweisen ausprobieren. Dabei sollten die pädagogischen Fachkräfte bzw. der Papagei Pino den tröstenden Jungen Tipps geben, wie

z. B. „Vielleicht nimmst du Luca mal an der Hand und fragst, ob er ein Stück mit dir gehen möchte.", „Was könntest du Max sagen, damit er sich besser fühlt?", „Vielleicht fragst du Ali einmal, ob es ihm helfen könnte, wenn du ihn in den Arm nimmst." Nach ein paar Minuten werden die Rollen getauscht, bis sich auch die andere Jungengruppe im Trösten und Aufmuntern üben konnte. Pino bittet schließlich alle Jungen zurück in den Sitzkreis und schließt die Piratenrunde mit den untenstehenden Worten.

Pino:	*Wenn man traurig ist, kann es helfen, wenn man mit anderen über seine Traurigkeit redet und sich trösten lässt. Oft hilft es auch sich auszuweinen oder mit seinem Stofftier zu kuscheln. Manchmal wollen Leute einem die Trauer ausreden, indem sie sagen: „Stell dich nicht so an!" oder „Jungen weinen nicht." Hier aber sage ich euch: Nur starke Jungen weinen! Denn Weinen tut gut und hilft, dass man nicht mehr ganz so traurig ist.*

(4) Kooperationsspiel / Selbstwertsteigerndes Spiel. Nach der Beschäftigung mit der Emotion *Trauer* wird mit den Jungen ein Kooperationsspiel gespielt, das Spaß macht und die Trauer vergessen lässt. Dies kann mit den bisher erlernten Kooperationsspielen wie *Sturm auf hoher See* oder *Die Flut kommt...* geschehen, oder durch das Spiel *Piratenschabernack*. Dabei steht das gemeinsame Lachen im Vordergrund, das Ausdruck des Erlebens positiver Emotionen ist.

Piratenschabernack (Piratenversion von: „Lachen ist gesund")	
Die Jungen sitzen oder stehen als Piratenmeute im Kreis. Ein Pirat wird aufgefordert in die Mitte zu gehen und die anderen Piraten mit seinem Schabernack zu unterhalten. Dabei kann er Grimassen schneiden, Witze erzählen, die anderen Piraten anhimmeln oder was ihm eben gerade einfällt. Die Piratenmeute ist aber ein ernster Haufen und versucht, standhaft zu bleiben. Kann sich ein Pirat ein Lächeln oder sein Lachen nicht verkneifen, muss er selbst in die Mitte und versuchen, andere Piraten mit seinem Schabernack zum Lachen zu bringen.	
Anmerkung:	Hat es der Pirat in der Mitte mit einer sehr standhaften, nicht zum Lachen bekommenden Piratenmeute zu tun, so sollten die Fachkräfte ihm einen weiteren Piraten zur Unterstützung zuteilen.
Variation:	Das Spiel kann auch so gespielt werden, dass einer anfängt, und jeder Junge, der anfängt zu lachen, mit in die Kreismitte geht. So werden es immer weniger Piraten, die nicht lachen und immer mehr, die Schabernack treiben und dabei laut über sich selbst lachen. Dies schafft einen fröhlichen Abschluss für alle (auch die pädagogischen Fachkräfte können in das Lachen der Piratenmeute einsteigen, was zumeist zur Erheiterung aller führt).

(5) Schatzkistenrunde. Mit Hilfe des Gefühlsbuttons „Trauer" wird das Gelernte (Emotionsausdruck, Emotionsvokabular sowie Emotionswissen) kurz wiederholt und die Fachkräfte weisen darauf hin, dass sie bei den Jungen nach dem Spiel nun aber auch wieder viel Freude beobachten können. Danach schließt sich die Schatzkistenrunde im bekannten, ritualisierten Ablauf an. Wie immer werden den Jungen am Ende des Gruppentreffens die Elternbriefe (Abb. 19) und die Ausmalbilder zur Emotion Trauer mitgegeben.

Viertes Gruppentreffen – „Trauer"

Liebe Mama, lieber Papa,

heute hat uns Pino eine Geschichte über Pip und das Gefühl „Trauer" erzählt. Schaut mal, so sah das Gesicht von Pip aus, als er traurig war.

Vielleicht kannst du mich fragen, was Pip passiert ist und woran ich erkenne, dass er traurig ist? Ich habe bestimmt eine gute Antwort darauf!
Weißt du eigentlich was mich traurig macht und woran du das erkennst? Und wie ist es bei dir? Was hat dich zuletzt traurig gemacht und was hat dir geholfen, dich wieder besser zu fühlen? Vielleicht hast du, Mama/Papa, ja noch einen Tipp für mich.

PS: Pino & Pip richten liebe Grüße aus!

Abb. 19: Elternbrief zur Emotion *Trauer* (vgl. Download-Materialien)

4.5 Das fünfte Gruppentreffen: „Angst"

EINHEIT V – Angst, Furcht	
Ziele:	✓ Die Emotion *Angst* bewusst wahrnehmen und zuverlässig benennen lernen ✓ Vermittlung von Wissen und Verständnis im Hinblick auf Situationen, in denen sich jemand ängstigt/fürchtet ✓ Erarbeitung des entsprechenden Emotionsvokabulars ✓ Entwicklung von adaptiven Emotionsregulationsstrategien im Umgang mit *Angst* ✓ Förderung von Empathie ✓ Einüben prosozialen Verhaltens

Inhalte (mit Zeitangabe in Minuten)		Materialien
▪ Begrüßung durch die Anleitung	5	▪ Gruppenregeln
▪ Bewegungsspiel	10	▪ Schatzkisten
▪ Piratenlied / Piratenrunde	25	▪ Handpuppe Pino
▪ Kooperationsspiel	15	▪ Piratenlied
▪ Schatzkistenrunde	5	▪ Gefühlsbuttons „Angst"
		▪ Gefühlsszenenbild „Angst"
		▪ Ausmalbild „Angst"
		▪ Augenbinde / Wollmütze

(1) Begrüßung. In einer kurzen Begrüßungsrunde geben die anleitenden Fachkräfte einen Überblick über die heutige Einheit V. Daneben werden die Jungen für ihre Teilnahme gelobt und an die gemeinsam erarbeiteten Gruppenregeln erinnert.

(2) Bewegungsspiel. Wenn die Jungen bereits zwei oder mehrere Bewegungsspiele kennengelernt haben, kann ihnen zu der heutigen Einheit die Entscheidung überlassen werden, was sie spielen möchten. Das Spiel *Jeder fängt jeden* würde eine alternative Spielidee darstellen, das zur Emotion *Angst* besonders gut passt. Bei diesem Spiel besteht der Angst-Lust-Effekt darin, dass keiner der Jungen weiß, ob und wessen „Opfer" er ist.

Jeder fängt jeden
Für dieses Spiel wird eine Tonaufnahme (vielleicht findet sich im Kindergarten ja eine CD mit Piratenmusik) benötigt. Während diese abgespielt wird, bewegen sich die Jungen frei im Raum. In Gedanken sucht sich jeder Junge einen anderen Jungen aus, dem er möglichst unauffällig nachläuft. Stoppt die Musik, versuchen die Jungen ihre ausgewählten „Opfer" mit lautem Schreien „zu erbeuten". Dabei können die Jungen sowohl „Opfer" und „Täter" zugleich sein.

(3) Die Piratenrunde und gemeinsames Singen des Piratenlieds. Im Anschluss an das Bewegungsspiel werden die Jungen gebeten, den Gefühlsbutton der letzten Einheit aus ihrer Schatzkiste zu holen und sich dann in einen Kreis zu setzen. Die große Schatzkiste steht wie immer in der Nähe des Sitzkreises und beherbergt den schlafenden Pino. Bevor dieser wachgesungen wird, rekapitulieren die Fachkräfte mit den Jungen Emotionsausdruck, -vokabular und -wissen der Emotion *Trauer*. Folgende Fragen sind dabei hilfreich:

- Könnt ihr ein trauriges Gesicht beschreiben? Wie klingt die Stimme, wenn jemand traurig ist? Woran kann man noch hören, dass jemand traurig ist? Wie ist die Körperhaltung?
- Welche Situationen kennt ihr, in denen jemand traurig ist?
- Was habt ihr in der letzten Einheit gemacht, damit der andere nicht mehr traurig ist, sondern wieder lachen kann?

Die Fachkräfte loben die Jungen für ihre Antworten, und dass sie sich so gut an die Möglichkeiten erinnern, was sie tun können, wenn eine andere Person traurig ist. Mit folgenden aufmunternden Worten kann die pädagogische Fachkraft zu dem neuen Thema überleiten: *„Die Traurigkeit wollen wir aber in der letzten Woche lassen und uns heute mit einem neuen Gefühl beschäftigen. Hierfür brauchen wir allerdings Pino, der uns bestimmt eine neue Geschichte von Pip mitgebracht hat. Die alte Schlafmütze hat sich schon wieder in seiner Schatzkiste verkrochen. Los, singen wir ihn wach!"* Sodann wird das Piratenlied angestimmt, damit Pino eine Geschichte zur Emotion Angst erzählen kann.

Pinos Geschichte zur Emotion *Angst*	
Pino:	*Guten Morgen, ihr Gefühlsabenteurer! Wollt ihr eine neue Geschichte von Pip, dem Piratenjungen, hören? (...)* *Ok, dann hört gut zu! Eines Tages segelten die Piraten auf dem großen Ozean umher. Die Sonne schien heiß vom Himmel und Pip hatte die Idee, zur Abkühlung im Meer schwimmen zu gehen. Auch Kapitän Schwarzbart und die anderen Crewmitglieder fanden Pips Idee super. Also warfen sie den Anker aus und ließen die Leitern ins Wasser. Pip zog sich seine blaue Badehose an und kletterte die Leiter hinab. Er wollte sich gerade ins Wasser plumpsen lassen, als er einen riesigen, schwarzen Schatten im Wasser sah. Plötzlich tauchte eine große, graue Flosse aus dem Wasser auf und kurz darauf kam eine gewaltige Schnauze mit grässlichen, weißen Zähnen zum Vorschein. Pip konnte sich nicht bewegen, er war wie gelähmt und sein Herz klopfte unheimlich laut und schnell. „H-h-h-hiiilfe, ein Hai!", rief er, kletterte hastig die Leiter wieder hinauf und rannte zu den anderen Piratenkindern an Deck. Oben angekommen, schlotterten ihm die Knie und er war ganz weiß im Gesicht.* *Er drückte sich an den Segelmast und wurde immer kleiner.*

Fachkraft:	*Oh, Pino, ein echter Hai! Mal schauen, wie das auf dem Bild aussieht, das du mitgebracht hast.*

Den Jungen wird das Gefühlsszenenbild zur Emotion *Angst* (siehe Abb. 20, S. 110) vorgelegt und aus der Schatzkiste dürfen sie sich den Gefühlsbutton *Angst* (siehe Abb. 21, S. 110) herausnehmen. Hiernach stellen Pino und die Fachkräfte den Jungen in bekannter Manier Fragen, die auf die Förderung des Emotionsausdrucks, -vokabulars und -wissens abzielen.

- Könnt ihr kurz wiederholen, was Pip in der Geschichte passiert ist?
- Wie nennt man das Gefühl, dass Pip in der Situation hat? (Angst/Furcht)
- Woran seht ihr an seinem Gesicht, wie Pip sich fühlt? Könnt ihr es auch am Körper erkennen? Wenn ja, woran genau? Wie seht ihr aus, wenn ihr Angst habt?
- Wie klingt die Stimme von Menschen, die sich ängstigen/fürchten? Machen sie auch manchmal besondere „Geräusche"?
- Warum ist Pip so ängstlich? Wovor hatte Pino auf einmal so große Angst?
- Hattet ihr auch schon einmal solche Angst wie Pino? Wann hattet ihr das letzte Mal Angst? Wovor fürchtet ihr euch?

Bei der letzten Frage kann es passieren, dass einige Jungen von sich behaupten, noch nie Angst gehabt zu haben. Hier kann Pino einmal mehr mit gutem Beispiel vorangehen und erzählen, wovor er selbst Angst hat. Das Beispiel darf dabei auch ruhig etwas abwegig sein (z. B. „Ich habe Angst vor Kaninchen. Wenn ich eines im Gebüsch sitzen sehe, suche ich immer schnellstmöglich das Weite."); allerdings sollte daraus hervorgehen, dass manche Menschen bzw. Tiere davor Angst haben, andere wiederum nicht. Sollten sich die Jungen auf den Austausch zu angstauslösenden Situationen einlassen, können die anleitenden Fachkräfte gezielter nachfragen, wer wovor Angst hat und was die Jungen gegen die Angst tun. Danach, oder wenn sich die Jungen (noch) nicht auf den Austausch von Angstmomenten einlassen können, erzählt Pino seine Geschichte zu Ende.

Abb. 20: Die Gefühlsszene zu *Angst*

Abb. 21: Gefühlsbutton *Angst*

Pino:	*Pip hatte also furchtbare Angst, das habt ihr ganz richtig gesagt. Ich erzähle euch noch kurz das Ende der Geschichte. Als Pip bei den anderen Piratenjungen angekommen war, die sich gerade bereit zum Schwimmen machten, war er immer noch sehr aufgeregt und voller Panik. Er sagte zu ihnen: „Passt auf, da ist ein riesiger Hai mit großen, scharfen Zähnen im Wasser! Der wollte mich auffressen. Oh Mann, ich habe echt Angst!" Luca, der schon 7 Jahre alt war und in die Piratenschule ging, zeigte daraufhin mit dem Finger auf Pip und sagte: „Du Angsthase! Das war doch bestimmt gar kein Hai. Und außerdem haben Piraten vor gar nichts Angst!" (...)* *Da kam Pips Vater, der Piratenkapitän, um die Ecke und sah den ängstlichen Pip vor sich sitzen. Er beugte sich zu ihm hinunter, sodass sein langer, schwarzer Bart Pips Stirn kitzelte. Er fragte Pip, was passiert sei und Pip erzählte von dem großen Hai mit dem riesigen Zähnen, und dass er sich unglaublich fürchtete. Pips Papa fragte ihn, wie groß denn seine Angst gewesen sei und Pip antworte: „Fast bis in den Himmel hat sie gereicht, Papa!" Pips Papa nahm ihn daraufhin in den Arm. Das tat gut! Und seine Angst wurde immer kleiner. Dann sagte der Piratenpapa: „Weißt du was, Pip, Angst zu haben ist ganz normal. Angst ist manchmal sogar ein guter Ratgeber und warnt dich vor Gefahren, wie jetzt vor dem Hai. Ich hatte als kleiner Piratenjunge auch oft Angst. Einmal bin ich den Mast des Piratenschiffs hochgeklettert und als ich oben war, hatte ich ganz große Angst bekommen und mich nicht mehr getraut herunterzukommen. Da fing ich bitterlich zu weinen an. Dann kam Pino zu mir hochgeflogen und hat mir geholfen, meinen Mut wiederzufinden, um dann mit seiner Hilfe ganz langsam Schritt für Schritt wieder herunterzuklettern."* *Plötzlich schrie Luca, das Schulkind, laut auf: „Hiiilfeee, da ist ja wirklich ein Hai im Wasser!", und die anderen Kinder sahen in seinem Gesicht, dass auch er Angst hatte. Jeder hat nämlich manchmal Angst und das ist auch gut so.*

Sollten sich die Jungen vor diesem Teil der Geschichte nicht geöffnet haben, kann ein zweiter Versuch unternommen werden, um zu erfragen, in welcher Situation die Jungen schon einmal Angst empfunden haben. Alternativ kann die Motivation erhöht werden, wenn die Jungen im ursprünglichen Sinne dieses Begriffs in Bewegung kommen. Dafür sollen die Kinder aufstehen, um dann Kommandos von Pino zu erhalten, wie zum Beispiel:

- Wer Angst vor großen Hunden hat, rennt in diese Ecke!
- Wer Angst hat mit einem Flugzeug zu fliegen, rennt in die Mitte des Raumes!
- Wer Angst hat, wenn es im Zimmer ganz dunkel ist, rennt in die Ecke neben der Türe!
- Wer Angst hat, weit auf einen Baum oder einen Berg zu klettern, rennt in die Ecke am Fenster!

- Wer Angst vor Kaninchen hat wie Pino, der rennt in diese Ecke!
- etc.

Durch die Bewegung werden die Reaktionen der Kinder spontaner, sie überlegen nicht so lange, wie sie auf die anderen Jungen wirken wollen. Außerdem sind die Hemmungen niedriger, einfach mitzurennen, wenn auch andere Jungen losstürmen. Pino bzw. die handpuppenspielende Fachkraft und die zweite Fachkraft können als positives Vorbild vorangehen und zeigen, wovor sie sich fürchten.

In den Gesprächen zu angstbesetzten Situationen und bei der eben vorgestellten Übung ist es generell wichtig, dass die Jungen für ihren Mut, offen über ihre Ängste zu sprechen, mit Lob verstärkt werden. Zum Schluss fasst Pino noch einmal die zentralen Erkenntnisse zur Emotion Angst/Furcht zusammen.

Pino:	*Heute haben wir viel über das Gefühl Angst gelernt. Pip fürchtet sich nicht nur vor Riesenhaien mit spitzen Zähnen, sondern zum Beispiel auch vor der Dunkelheit abends in seinem Zimmer. Wenn er vor dem Einschlafen das Licht ausschaltet, dann wird alles ganz dunkel und schwarz in seinem Zimmer, und er fühlt sich alleine und bekommt dann manchmal Angst. Was aber gar nicht schlimm ist, weil jeder ab und zu Angst hat. Andere Kinder fürchten sich zum Beispiel vor Spinnen oder vor einem lauten Gewitter oder vor Katzen. Wenn man Angst hat, möchte man am liebsten wegrennen oder sich ganz schnell irgendwo verstecken. Manchmal wird man dann im Gesicht ganz weiß, man hört sein Herz klopfen und fängt an zu zittern. Wenn man Angst hat, hilft es mit anderen darüber zu reden. Pip hat zum Beispiel seiner Mama erzählt, dass er Angst im Dunkeln hat. Dann hat seine Mama für ihn das Licht im Flur angelassen und die Tür einen Spalt geöffnet, damit es im Zimmer nicht ganz dunkel ist. Wie Kapitän Schwarzbart auch schon gesagt hat, gibt uns das Gefühl Angst auch oft gute Tipps. Stellt euch vor, es gäbe keine Angst auf der Welt, dann wäre kein Baum zum Draufklettern zu hoch, man würde einen bellenden, zähnefletschenden Hund streicheln und über eine Straße laufen, obwohl ganz viele Autos fahren. Deshalb muss man sich manchmal ängstigen und fürchten. Sonst wären alle Krankenhäuser voll, weil man sich so oft wehtun und verletzen würde.*

(3) **Kooperationsspiel.** Nachdem die Emotion Angst mit den Jungen behandelt wurde, vertieft das Kooperationsspiel *Blinder Passagier* die Möglichkeit, einem Menschen, der sich fürchtet oder ängstlich ist, beizustehen. Die Jungen müssen sich dabei auf die anderen Jungen verlassen können und ihnen blind vertrauen.

Blinder Passagier	
Die Jungen bilden zunächst Paare. Ein erstes Paar beginnt. Dabei werden einem Jungen die Augen mit einem Tuch oder einer Wollmütze verdeckt. Der andere, sehende Junge fasst den „blinden Passagier" an der Hand und „fährt" mit ihm von einer ausgemachten Position A zu einer vereinbarten Position B. Die anderen Paare stellen sich als Hindernisse in den Raum und machen mit ihren Armen Wellenbewegungen.	
Anmerkung:	Die anleitenden Fachkräfte müssen darauf achten, dass die Jungen, die die Hindernisse spielen, dem „blinden Passagier" nicht wehtun. Zudem ist es wichtig, im Anschluss über die erlebten Erfahrungen und Emotionen zu sprechen.
Beispiel:	Fachkraft: „Jonas, hattest du zu Beginn Angst? Hast du dich sicher an der Hand von Mehmet gefühlt?"

(4) *Schatzkistenrunde.* Wie in den vergangenen Einheiten kann der Gefühlsbutton genutzt werden, um das Gelernte (Emotionsausdruck, Emotionsvokabular sowie Emotionswissen) rund um die Emotion *Angst* kurz zu wiederholen. Danach schließt sich die Schatzkistenrunde im bekannten, ritualisierten Ablauf an. Die Anleitung gibt Acht, dass alle Jungen beim Aufräumen mithelfen und übergibt ihnen zum Abschluss wie gewohnt den Elternbrief (Abb. 22) und das Ausmalbild zur Emotion *Angst*.

Fünftes Gruppentreffen – „Angst"

Liebe Mama, lieber Papa,

wusstest du eigentlich, dass Pino schon uralt ist? Und wer uralt ist, hat wirklich viel erlebt. Heute hat uns Pino eine Geschichte über Pip und das Gefühl „Angst" mitgebracht. Schaut mal, so sah das Gesicht von Pip aus, als er sich fürchtete.

Vielleicht kannst du mich fragen, was Pip passiert ist und woran ich erkenne, dass er sich fürchtet?
Pip sagt, dass sich jeder Mensch ab und zu vor etwas fürchtet und es ganz normal ist Angst zu haben. Weißt du eigentlich was mir Angst macht und woran du das erkennst?
Mama/Papa, wovor hast du als Kind Angst gehabt und was hat dir geholfen deine Angst kleiner werden zu lassen? Vielleicht hast du ja noch einen guten Tipp für mich.

PS: Pino & Pip richten liebe Grüße aus!

Abb. 22: Elternbrief zur Emotion *Angst*

4.6 Das sechste Gruppentreffen: „Scham und Stolz"

EINHEIT VI – Scham, Stolz	
Ziele:	✓ Die Emotionen Scham und Stolz bewusst wahrnehmen und zuverlässig benennen lernen ✓ Vermittlung von Wissen und Verständnis im Hinblick auf Situationen, in denen sich jemand schämt oder stolz ist ✓ Erarbeitung des entsprechenden Emotionsvokabulars ✓ Entwicklung von adaptiven Emotionsregulationsstrategien im Umgang mit Scham ✓ Förderung von Empathie ✓ Einüben prosozialen Verhaltens ✓ Stärkung des Selbstbewusstseins ✓ Erleben positiver Emotionen

Inhalte (mit Zeitangabe in Minuten)		Materialien
▪ Begrüßung durch die Anleitung	5	▪ Gruppenregeln
▪ Bewegungsspiel	10	▪ Schatzkisten
▪ Piratenlied / Piratenrunde	25	▪ Handpuppe Pino
▪ Selbstwertsteigerndes Spiel / Entspannungsübung	15	▪ Piratenlied ▪ Gefühlsbuttons „Scham" und „Stolz"
▪ Schatzkistenrunde	5	▪ Gefühlsszenenbilder „Scham" und „Stolz" ▪ Ausmalbilder „Scham" und „Stolz"

(1) Begrüßung. In gewohnter Manier setzen sich die pädagogischen Fachkräfte mit den Jungen zu Beginn in einen Kreis, begrüßen sie und loben sie für ihr Erscheinen. Des Weiteren stellen sie ihnen den Ablauf der heutigen Einheit vor und erinnern sie an die Gruppenregeln. Selbstverständlich können sich die Fachkräfte auch nach dem Wohlbefinden der anwesenden Jungen erkundigen.

(2) Bewegungsspiel. Aus dem bisherigen Fundus an Bewegungsspielen wählen die Fachkräfte gemeinsam mit den Jungen eines aus, das den Jungen besonders viel Spaß und Freude bereitet hat.

(3) Die Piratenrunde und gemeinsames Singen des Piratenlieds. Innerhalb der Piratenrunde wird zunächst mit den Jungen die beim letzten Arbeitstreffen thematisierte Emotion wiederholt. Die Jungen werden in diesem Zusammenhang von den Fachkräften dazu aufgefordert, den passenden Gefühlsbutton aus ihrer

Schatzkiste holen. Danach werden Emotionsausdruck, Emotionsvokabular und Emotionswissen zur Emotion *Angst* mit den Jungen wiederholt:

- Woran erkennt ihr, dass jemand Angst hat (sich ängstigt/fürchtet)? Könnt ihr mir sein Gesicht beschreiben? Wie ist die Körperhaltung?
- Welche Situationen kennt ihr, in denen jemand Angst hat? Oder wann hattet ihr selbst schon einmal Angst?

Danach kann das Singen des Piratenlieds durch die Anleitung mit dem Satz eingeleitet werden: „Pino hat euch auch heute wieder eine kleine Geschichte mitgebracht. Sollen wir ihn mit unserem Piratenlied wecken?" Nachdem gemeinsam das Piratenlied gesungen und getanzt wurde, erzählt Pino die folgende Geschichte zur Emotion *Scham*.

Pinos Geschichte zur Emotion *Scham*	
Pino:	*Guten Morgen, meine lieben Gefühlsabenteurer! Heute habe ich eine neue Geschichte über Pip mitgebracht:* *Eines Tages spielte Pip mit seiner Freundin Mia im weichen Sand des Sandkastens des Piratenkindergartens. Sie hatten sich vorgenommen, zusammen ein riesengroßes Piratenschiff aus Sand zu bauen, welches sie mit Holzresten und Muscheln, die sie am Strand gefunden hatten, verzieren wollten. Seine Freunde Rudi, Leon und Chris, mit denen Pip sonst immer im Kindergarten spielte, standen einige Meter weiter weg und zeigten mit dem Finger auf ihn. Laut fingen sie an zu lachen und grölten: „Du spielst ja mit Mädchen!" Als die anderen Piratenjungen so über ihn lachten, wurde Pips Gesicht ganz heiß, und rot wie eine Tomate. Er wäre am liebsten unsichtbar geworden oder im Sand versunken. Er dachte sich. „Oh nein, wie peinlich! Jetzt denken alle, ich wäre ein Mädchen und wollen bestimmt nicht mehr mit mir spielen!"*

Anschließend wird den Kindern das Gefühlsszenenbild zur Emotion *Scham* (siehe Abb. 23, S. 116) gezeigt und ihnen der Gefühlsbutton „Scham" (siehe Abb. 24, S. 116) ausgeteilt. In diesem Zusammenhang werden mit den Kindern folgende Fragen besprochen, um Emotionsausdruck, Emotionsvokabular und Emotionswissen hinsichtlich der Emotion *Scham* zu erarbeiten und die Empathiefähigkeit der Jungen zu fördern:

- Was ist Pip hier passiert?
- Wie fühlen sich die anderen Kinder?
- Warum lachen sie Pip aus und wie findet ihr das?
- Wie fühlt sich Pip? Wie nennt sich das Gefühl genau?
- Wie fühlt sich Scham an? Wo im Körper fühlt jemand Scham?

Abb. 23: Die Gefühlsszene zu *Scham*

Abb. 24: Gefühlsbutton *Scham*

- Warum schämt sich Pip? Welchen Auslöser gab es für sein Gefühl?
- Woran erkennt ihr an Pips Gesicht, dass er sich schämt? Könnt ihr versuchen nachzumachen, wie jemand aussieht, der sich schämt?
- Wann habt ihr euch schon mal geschämt?

Falls es den Jungen schwerfällt über Situationen zu sprechen, in denen sie sich geschämt haben, kann Pino als Modell fungieren, indem er beispielsweise erzählt: „Ich habe mich als kleines Papageienküken einmal geschämt, als ich mir in der Schule in die Federn gemacht habe und alle andere Papageienküken es gesehen und gelacht haben." Danach kann Pino die in der Piratenrunde von den Kindern benannten Erkenntnisse und Erfahrungen zur Emotion *Scham* wieder aufgreifen und wie folgt zusammenfassen:

Pino:	*Toll! Ihr Gefühlsabenteurer habt rausgefunden, wie Pip sich fühlt. Pip hat sich geschämt, weil ihn die anderen Jungen ausgelacht haben. Meistens schämt man sich, wenn einem irgendetwas sehr Peinliches passiert, man eine Sache nicht so gut kann wie andere oder man ausgelacht wird. Wenn wir uns schämen, sind wir gleichzeitig auch oft traurig und fühlen uns schlecht. Das sich jemand schämt, erkennt man oft daran, dass er rot wie eine Tomate wird und manchmal auf den Boden oder zur Seite guckt und sich klein macht. Wollt ihr wissen, wie die Geschichte weitergeht? (...)*

Anschließend erzählt er den Fortgang der Geschichte.

Pinos Geschichte zur Emotion *Stolz*	
Pino:	Pip tat einfach so, als bemerke er die Jungen nicht und sagte zu sich selbst, dass es gar nicht schlimm sei, mit Mädchen zu spielen. Er spiele halt, mit wem er Lust habe. Also bauten Mia und er weiter an ihrem Piratenschiff, das immer größer und größer und schöner und schöner wurde. Dann kam der Piratenerzieher Markus um die Ecke, um zu sehen, was die Piratenkinder draußen Schönes spielten. Als er am Sandkasten ankam, sah er sofort das wunderschöne, riesige Piratenschiff, das Mia und Pip gebaut hatten. „Wow", staunte er, „so ein schönes, großes Sandpiratenschiff habe ich ja noch nie gesehen! Habt ihr das ganz alleine gebaut?" „Natürlich!", antwortete Pip und sagte lächelnd: „Ich habe den Sand zu einem großen Haufen zusammengeschoben und Mia hat ihn festgeklopft. Jetzt machen wir noch ganz viele Muscheln und Rinde drauf und stecken einen Stock hinein. Das ist dann der Mast!" „Das habt ihr zwei wirklich ganz toll gemacht! Ich finde es klasse, dass ihr so ein tolles Schiff schon ganz alleine bauen könnt!", sagte Markus. Auch die anderen Piratenjungen Rudi, Leon und Chris wurden neugierig und wollten sich das Piraten-

> schiff aus Sand anschauen. Als sie es sahen, und das Lob vom Piratenerzieher hörten, staunten auch sie. „Euer Piratenschiff ist voll cool!", sagte Leon und Rudi fragte: „Wie habt ihr es denn geschafft, den Mast so hoch zu bauen?" Pip grinste bis über beide Ohren. Seine Brust hob sich in die Höhe, und er reckte sein Kinn nach oben.

Nach Beendigung der Erzählung wir den Kindern das Bild mit der Gefühlsszene zur Emotion Stolz (siehe Abb. 25, S. 119) gezeigt und der Gefühlsbutton „Stolz" (siehe Abb. 26, S. 119) ausgeteilt. Den Kindern werden zu dem Szenenbild anschließend folgende Fragen gestellt:

- Wie fühlt sich Pip?
- Warum fühlt er sich so? Welchen Auslöser gibt es für das Gefühl?
- Wie nennt sich das Gefühl genau? Welchen Namen hat das Gefühl?
- Woran erkennt ihr am Gesicht und am Körper, dass jemand stolz ist? Könnt ihr das nachmachen?
- Wie fühlt sich Stolz an? Wo im Körper fühlt ihr Stolz?
- Wann seid ihr schon einmal stolz gewesen?
- Und worauf seid ihr gerade besonders stolz?

Falls die Jungen auf manche der Fragen keine Antwort wissen, können Pino und die zweite pädagogische Fachkraft Tipps geben. Wenn die Jungen antworten, dass sich Pip gefreut hat, können die Fachkräfte darauf hinweisen, dass das Gefühl, das Pip erlebt, eine besondere Art von Freude ist, bei der man sich über etwas freut, das man geschafft hat oder was anderen gelungen ist. Diese Art der Freude wird „Stolz" genannt. Zum Abschluss der Piratenrunde fasst Pino die körperlichen Erkennungsmerkmale und einige auslösende Situation für die Emotion Stolz zusammen.

Abb. 26: Gefühlsbutton *Stolz*

Abb. 25: Die Gefühlsszene zu *Stolz*

Pino:	Nachdem Pip sich zunächst geschämt hatte, weil die Jungen ihn ausgelacht hatten, sagte er zu sich selbst, dass er sich nicht schämen müsse, weil auch Jungen mit Mädchen spielen dürfen. Wenn man sieht, dass sich jemand schämt, kann man ihn fragen, was passiert ist, und warum er sich schämt und kann ihn danach trösten. Oder: Wenn andere Kinder einen auslachen, dann nicht mitmachen, sondern dem anderen aus der Patsche helfen. Pip war, als der Erzieher und die anderen Kinder Mia und ihn für die Sandburg lobten, sehr stolz auf sich. Stolz ist man, wenn man etwas geschafft hat, oder etwas Neues gelernt hat, oder etwas ganz gut kann und ein anderer es einem sagt. Und wisst ihr was, meine Gefühlsabenteurer? Ich bin tierisch stolz auf euch, weil ihr schon so viel über Gefühle gelernt habt, und mir immer dabei helft, herauszufinden, wie sich Pip in bestimmten Situationen fühlt!

(4) Selbstwertsteigerndes Spiel / Entspannungsübung. Im Anschluss an die Piratenrunde zu den beiden Emotionen *Scham* und *Stolz* leiten die Fachkräfte eine *Loberunde* ein. Um die Emotion Stolz besonders in den Vordergrund zu rücken, ist es sinnvoll, aus der Loberunde eine Selbst-Loberunde zu machen. Alternativ kann, wie in Einheit III, eine Entspannungsübung mit den Jungen durchgeführt werden.

Loberunde	
Die Loberunde ähnelt stark dem *Palmenthron*, wird aber im Sitzkreis gespielt. Eine Fachkraft erteilt einem Jungen das Wort, der daraufhin einen anderen Jungen auswählt und ihm zwei bis drei Dinge sagt, die ihm an diesem Jungen besonders gut gefallen. Die Fachkraft kann aber auch als gutes Beispiel vorangehen und selbst einen Jungen auswählen und diesen loben. Der gelobte Junge wählt den Nächsten aus und verteilt das Lob an den von ihm ausgewählten Jungen.	
Beispiel:	Mir gefällt, dass du gerne mit mir im Sandkasten spielst. Mir gefällt, dass du so eine coole Frisur hast. Mir gefällt, dass du neulich dein Frühstück mit mir geteilt hast.
Anmerkung:	Die Anleitung hat darauf zu achten, dass nach und nach jeder Junge einmal an der Reihe ist. Albernheiten und nicht ernst gemeinte Komplimente müssen unterbunden werden.
Variation:	Die Loberunde zur Selbst-Loberunde machen: ein Junge wählt einen anderen Jungen aus, der etwas Positives über sich selbst sagt! So geht es reihum.

(5) Schatzkistenrunde. Mit Hilfe der Gefühlsbuttons werden die Namen, körperlichen Erkennungsmerkmale sowie auslösenden Situationen der Emotionen *Scham* und *Stolz* mit den Jungen kurz wiederholt. Danach wird die Schatzkistenrunde wie gewohnt fortgesetzt und die Jungen erhalten (bei Einhaltung der Gruppenregeln) ihre Inhalte für die Schatzkiste. Zur Verabschiedung der Jungen werden diesen die beiden Elternbriefe (Abb. 27) und Ausmalbilder zu Scham und Stolz übergeben.

Sechstes Gruppentreffen – „Scham und Stolz"

Liebe Mama, lieber Papa,

heute hat uns Pino eine Geschichte über Pip erzählt, in der gleich zwei Gefühle vorgekommen sind. Das eine Gefühl hieß „Scham" und das andere „Stolz". Schaut mal rechts! Könnt ihr erkennen, auf welchem Bild sich Pip schämt und auf welchem er stolz ist?

Frag' mich doch, was Pip passiert ist und woran ich erkenne, dass er sich schämt bzw. stolz auf sich ist? Die Antwort ist nicht leicht, aber als Gefühlsabenteurer bekomme ich es hin – da bin ich mir sicher!
Weißt du eigentlich, wofür ich mich schon einmal geschämt habe? Vielleicht musst du mir ein bisschen Mut zusprechen, damit ich mich traue, darüber zu sprechen.
Und zum Schluss kannst du mir erzählen, wann du schon einmal stolz auf mich gewesen bist. Darüber würde ich mich sehr freuen.

PS: Pino & Pip richten liebe Grüße aus!

Abb. 27: Elternbrief zur Emotion *Scham und Stolz* (vgl. Download-Materialien)

4.7 Das siebte Arbeitstreffen: „Gefühlsolympiade"

EINHEIT VII – Gefühlsolympiade		
Ziele:	✓ Festigung der bis dato thematisierten Inhalte und emotionalen Kompetenzen durch spielerische Wiederholung ✓ Spielerische Stärkung des Selbstwertgefühls	
Inhalte (mit Zeitangabe in Minuten)		**Materialien**
▪ Begrüßung durch die Anleitung ▪ Piratenlied ▪ Wiederholung der bisherigen Inhalte ▪ Gefühlsolympiade ▪ Schatzkistenrunde	5 5 10 35 5	▪ Gruppenregeln ▪ Schatzkisten ▪ Handpuppe Pino ▪ Piratenlied ▪ Großer Schaumstoffwürfel ▪ Gefühlsbuttons von allen behandelten Emotionen ▪ Gefühlsszenen ▪ Urkunden/Medaillen

Wichtige Hinweise zur Vorbereitung: Einheit VII erfordert etwas mehr Vorbereitung als die letzten Einheiten, da für die Gefühlsolympiade insgesamt drei Spielstationen eingerichtet werden.

- Für *Station 1* wird ein großer Schaumstoffwürfel benötigt, auf dessen sechs Seiten jeweils eine der behandelten Emotionen aufgeklebt wird (hierfür eignen sich die Ausmalbilder). Um den Schaumstoffwürfel danach weiter benutzen zu können, empfiehlt es sich, zunächst die Bilder passend auszuschneiden und anschließend von außen mit durchsichtigem Klebeband zu fixieren.
- Für *Station 2* sind die Gefühlsszenen der sechs besprochenen Emotionen vorzubereiten. Dabei werden die Gesichter von Pip in allen Szenen mit einem Stück Papier überdeckt, sodass das Gesicht von Pip nicht zu erkennen ist. Die Fachkräfte können auch selbständig weitere Bilder mitbringen bzw. vorbereiten, auf denen Menschen beim Ausleben von Emotionen zu sehen sind. Wichtig dabei ist, dass die Gesichter auf diesen Bildern ebenfalls bedeckt sind.
- Bei *Station 3* können die Gefühlsbuttons genutzt werden. Vor Beginn der siebten Einheit ist es daher sinnvoll, diese aus den Piratenkisten der Jungen „auszuleihen".

Die Gefühlsolympiade sollte bereits vor Beginn der Einheit aufgebaut werden, so bleibt während der Durchführung mehr Zeit für das Spielen an den einzelnen Stationen. Die Stationen sollten räumlich voneinander abgetrennt werden. Wenn eine Turnhalle genutzt wird, eignen sich hierfür beispielsweise Gymnastikbänke.

Am Ende der Gefühlsolympiade erhalten die Jungen eine Urkunde (siehe Abb. 28, S. 124), die ihnen die erfolgreiche Teilnahme bescheinigt. Auch die Urkunden (vgl. Download-Materialien) sollten bereits vor Beginn des siebten Arbeitstreffens ausgedruckt und mit den Namen der Jungen versehen werden. Eine Medaillenverleihung zum Abschluss der Gefühlsolympiade ist für die Jungen ein ganz besonders einprägsames Erfolgserlebnis. Hierfür kann im Online-Handel für wenige Euro ein Satz Medaillen erworben werden.

(1) Begrüßung. Im Gruppenkreis heißen die anleitenden Fachkräfte die Jungen willkommen und beglückwünschen die Jungen dazu, da sie heute an etwas ganz Besonderem teilnehmen dürfen: der Gefühlsolympiade. Entsprechend sollte darauf hingewiesen werden, dass dieses Gruppentreffen anders abläuft als bisher üblich. Die spielerischen Elemente und die Piratenrunde erfahren in der Gefühlsolympiade eine Zusammenführung, weshalb zunächst nichts gespielt wird, sondern direkt Pino mit dem Piratenlied geweckt werden soll. Die pädagogischen Fachkräfte erinnern jedoch wie immer an die Regeln, da auch diese Einheit mit der Schatzkistenrunde abschlossen wird. Außerdem können sie den Jungen mitteilen, dass eine erfolgreiche Teilnahme an der Olympiade in der Schatzkistenrunde durch „Bonus-Belohnungen" honoriert wird: Die Jungen dürfen sich für jede Station, die sie geschafft haben, später einen weiteren Inhalt aus Pinos Schatzkiste nehmen. Folglich ist es in dieser Einheit möglich, in der Schatzkistenrunde durch Einhaltung der Regeln sowie die erfolgreiche Bewältigung aller Olympiade-Stationen insgesamt fünf Kostbarkeiten aus Pinos Schatzkiste auszuwählen.

(2) Bewegungsspiel. Ein Bewegungsspiel ist in dieser Einheit nicht vorgesehen, da die Gefühlsolympiade die spielerischen Elemente übernimmt. Es bleibt jedoch am Ende den anleitenden Fachkräften überlassen, ob sie dennoch z. B. eine Runde des Spiels *Flut, Anker, Hai* spielen lassen möchte. Dann gilt allerdings zu beachten, dass die gesamte Einheit vermutlich zehn Minuten länger dauert als üblich.

(3) Die Gefühlsolympiade. Im Anschluss an die Begrüßungsrunde wecken die Jungen gemeinsam mit den Fachkräften durch das Singen des Piratenlieds Pino aus seinem Tiefschlaf. Wie gewohnt nimmt die Fachkraft, die die Handpuppe spielt, Pino aus der Piratenkiste und lässt die Handpuppe zur zweiten Strophe laut mitsingen. Anschließend werden die Jungen von Pino begrüßt und für die Gefühlsolympiade vorbereitet. Der folgende Text bietet der puppenspielenden Fachkraft die Möglichkeit, durch Pino alle bisher behandelten Emotionen kurz mit den Jungen zu wiederholen.

URKUNDE

Für die erfolgreiche Teilnahme an der

GEFÜHLSOLYMPIADE

Herzlichen Glückwunsch, lieber _____!
Du hast alle Stationen der
Gefühlsolympiade mit Bravour gemeistert!
Darauf kannst du sehr stolz sein!
Wir freuen uns mit dir,

Pip und Pino

Abb. 28: Die Urkunde für die erfolgreiche Teilnahme an der Gefühlsolympiade

Pinos Begrüßung zu Beginn der *Gefühlsolympiade*	
Pino:	*Guten Morgen, ihr Gefühlsabenteurer! Wir haben gemeinsam in der letzten Zeit viele Gefühle kennengelernt. Einige dieser Gefühle sind schön, und mit einigen anderen ist es schwierig und unangenehm. Aber sie gehören alle zu uns, wie eure Nasen und Ohren oder mein Schnabel und meine Flügel. Wir haben alle Gefühle und nur, wenn wir sie zeigen, können andere Leute wissen, wie es uns geht.* (Gegebenenfalls die behandelten Emotionen noch einmal kurz erfragen und wiederholen.) *Heute werden wir eine Gefühlsolympiade machen, wie sie auch die Kinder auf der Pirateninsel einmal im Jahr veranstalten. Wer von euch weiß denn, was eine Olympiade ist?* (Kinder antworten lassen und gegebenenfalls Tipps geben.) *Genau, ihr habt schon ganz viel Richtiges gesagt! Bei einer Olympiade treten die besten Sportler der Welt gegeneinander in unterschiedlichen Sportarten an, um Medaillen für ihr Land zu gewinnen. Die Gefühlsolympiade allerdings ist ein wenig anders aufgebaut: hier treten wir nicht gegeneinander an, sondern ihr, die besten Gefühlsabenteurer, werdet in drei Gruppen aufgeteilt und müsst miteinander an drei unterschiedlichen Stationen Aufgaben und Rätsel lösen. Wenn euch das gelingt, bekommt ihr die goldene Gefühlsabenteurer-Urkunde. Ich glaube ganz fest, dass ihr es schaffen könnt und alle Stationen der Olympiade meistern werdet! Was ihr bei den drei Stationen genau machen müsst, das erklärt euch jetzt der/die xy* (Name der Fachkraft).

Anschließend gehen die Fachkräfte gemeinsam mit den Jungen die einzelnen Stationen der Gefühlsolympiade einmal ab. Dabei erklären sie, wie die einzelnen Spiele gespielt werden und welches Ziel sie haben. Wird das Gruppenprogramm von zwei pädagogischen Fachkräften durchgeführt, ist es sinnvoll, die Jungengruppe danach in zwei Kleingruppen aufzuteilen. Bei der Mitwirkung von drei pädagogischen Fachkräften können drei Kleingruppen gebildet werden, sodass jede Station besetzt werden kann. Pino kann während der Gefühlsolympiade schlafen gelegt werden.

Die einzelnen Stationen der Gefühlsolympiade haben das Ziel, die bisher behandelten Inhalte des Gruppenprogramms zu wiederholen und zu festigen. Auf spielerische Art und Weise können die Jungen zeigen, welche emotionalen Kompetenzen sie sich in den vergangenen sechs Einheiten angeeignet haben. Im Folgenden werden drei Spielideen beschrieben, die für die Gefühlsolympiade genutzt werden können:

- *Station 1 – Emotionen würfeln*. An der ersten Station wird der oben beschriebene und präparierte Schaumstoffwürfel benötigt. Auf jeder Würfelseite ist eine Emotion von Pip zu sehen, die die Jungen bereits kennen. Nacheinander wirft jeder Junge den Gefühlswürfel einmal in die Luft und wartet ab, welche Emotion der Würfel am Ende zeigt. Die anleitende Fachkraft stellt dem Jungen daraufhin Fragen zu der jeweiligen Emotion. Wenn zum Beispiel die Emotion Trauer auf dem Würfel zu sehen ist, können ihm die Fragen der Piratenrunde in Einheit IV gestellt werden: „Wie fühlt sich Pip?", „Wie wird dieses Gefühl genau genannt?", „Woran erkennst du das?", „Kannst du das Gefühl einmal nachmachen und mir zeigen, wie du aussiehst, wenn du [z. B. traurig, wütend, etc.] bist?", „Was kannst du tun, wenn du jemanden siehst, der [z. B. traurig, wütend, etc.] ist?" Ist jeder Junge höchstens zweimal an der Reihe gewesen, ist die Station geschafft.

- *Station 2 – Emotionen richtig zuordnen.* An der zweiten Station müssen die Jungen den vorbereiteten Gefühlsszenen die richtigen Emotionen zuordnen. Als Hilfestellung können die Fachkräfte den Jungen die Gefühlsbuttons zur Verfügung stellen, sodass sie diese bei jeder Gefühlsszene auf den Kopf von Pip setzen können, um zu überlegen, ob die dargestellte Emotion von Pip zur jeweiligen Situation passt. Haben die anleitenden Fachkräfte weitere Gefühlsszenen (z. B. ein Vater droht einem Jungen, dessen Gesicht nicht zu sehen ist, mit dem Zeigefinger) vorbereitet, kann es durchaus passieren, dass die Jungen der Situation mehrere Emotionen zuordnen wollen. Die pädagogischen Fachkräfte sollten die Diskussion der Jungen, welche Emotion nun die Richtige sei, mit Wertschätzung begleiten. Sie können z. B. deutlich machen, dass keiner der Jungen mit seiner Meinung falsch liegt, weil einer Gefühlsszene durchaus mehrere Emotionen zugeordnet werden können (beim o.g. Beispiel könnte das Gesicht des Jungen beispielsweise *Wut*, *Angst* oder *Scham* zeigen).

- *Station 3 – Emotionen erkennen und rennen.* Für die dritte Station wird eine kleine Rennstrecke benötigt (z. B. die Hälfte einer Turnhalle oder von Baum zu Baum im Außengelände). Am Start liegt jeweils ein Gefühlsbutton jeder Emotion, entweder auf dem Kopf, sodass die Emotion noch nicht zu erkennen ist, oder verstaut in einem kleinen Säckchen. Ein Junge beginnt und zieht einen Gefühlsbutton, allerdings so, dass die anderen Jungen nicht sehen können, welche Emotion darauf zu sehen ist. Der Junge muss nun die Emotion darstellen (zu Beginn sollte festgelegt werden, ob nur nonverbal oder auch verbal), und die anderen Jungen raten, um welche Emotion es sich handelt. Wird die Emotion richtig benannt, dürfen alle Jungen (auch derjenige, der Darsteller war) losrennen. Am Ziel liegen in einem großen gemischten Haufen ebenfalls Gefühlsbuttons zu jeder Emotion bereit. Die pädagogischen Fachkräfte müssen hierbei darauf achten, dass genügend Gefühlsbuttons für alle Jungen ausgelegt sind. Am Ziel angekommen, müssen die Jungen die richtige Emotion auswählen und zurück zum Start bringen. Ist die erste Emotion erkannt und geholt worden, ist der nächste Junge an der Reihe. Am Ende müssten die

Jungen alle sechs Emotionen in Form der Gefühlsbuttons in Händen halten – damit ist die Aufgabe erfolgreich bewältigt.

Bei allen drei Stationen erhalten die Jungen Lob seitens der pädagogischen Fachkräfte, z. B. wenn sie etwas Richtiges gesagt oder die Aufgabe erfolgreich bewältigt haben. Gleichzeitig ist es wichtig, dass die Jungen Unterstützung und Wertschätzung erfahren, sollte ihnen einmal etwas nicht so gut gelingen. Grundsätzlich gibt es bei der Gefühlsolympiade keine Verlierer, sondern nur Sieger. Alle Jungen sollen die Erfahrung machen, dass sie in Kooperation mit den anderen Kindern alle Stationen der Gefühlsolympiade erfolgreich meistern konnten. Damit soll sowohl das Selbstwirksamkeitsgefühl der Jungen als auch ihre soziale Kompetenz gestärkt werden.

*(4) **Kooperationsspiel**.* Das sonst übliche Kooperationsspiel bzw. selbstwertsteigernde Spiel findet in dieser Einheit nicht statt. Wenn die Jungen nach dem Grund fragen, können die anleitenden Fachkräfte darauf hinweisen, dass die *Gefühlsolympiade* ja schon etliche Bewegungs- und Kooperationsspiele beinhaltet.

*(5) **Schatzkistenrunde**.* In der Schatzkistenrunde wird die gewohnte Reflexionsrunde durchgeführt. Wenn sich die Jungen an die Gruppenregeln gehalten haben, können sie wie üblich zwei Inhalte aus Pinos Schatzkiste aussuchen. Haben die Jungen darüber hinaus alle Stationen der Gefühlsolympiade geschafft, dürfen sie sich zusätzlich drei weitere Inhalte herausnehmen (pro Station ein Inhalt). Ganz zum Schluss gratuliert Pino den Jungen: „Ich bin so stolz auf euch! Ihr habt das richtig super gemacht! Herzlichen Glückwunsch an euch, ihr Gefühlsolympioniken!" Zusammen mit der zweiten Fachkraft überreicht er die Urkunden. Samt Elternbrief (siehe Abb. 29, S. 128) werden die Jungen zurück in die Kita-Gruppe gebracht.

> **Siebtes Gruppentreffen – „Gefühlsolympiade"**
>
> Liebe Mama, lieber Papa,
>
> erinnert ihr euch noch an alle Gefühle über die wir bisher gesprochen haben? Wir können es ja zusammen versuchen. Die Bilder von Pip helfen uns!
>
> Heute hat Pino mit uns eine echte Gefühlsolympiade veranstaltet. Weißt du überhaupt, was eine „Olympiade" ist? Wenn nicht, kann ich es dir erklären. Vielleicht kannst du mich auch fragen, welche Spiele wir gespielt haben? Am Ende gab es eine Urkunde für alle. Das war ziemlich toll!
>
> *PS: Pino & Pip richten liebe Grüße aus!*

Abb. 29: Elternbrief Gefühlsolympiade (vgl. Download-Materialien)

4.8 Achtes Gruppentreffen: „Soziale Situationen bewältigen lernen I"

EINHEIT VIII – Soziale Situationen bewältigen lernen I		
Ziele:	✓ Konflikte erkennen und bewältigen lernen ✓ Förderung der Entwicklung von positiven Problemlösestrategien und alternativen Verhaltensweisen (Kompromisse eingehen und kooperativ handeln) ✓ Förderung von Perspektivübernahme und Empathie in sozialen (Problem-) Situationen ✓ Einüben der erarbeiteten Problemlösungen	
Inhalte (mit Zeitangabe in Minuten)		**Materialien**
▪ Begrüßung durch die Anleitung ▪ Bewegungsspiel ▪ Piratenlied / Piratentheater ▪ Kooperationsspiel ▪ Schatzkistenrunde	5 10 25 15 5	▪ Gruppenregeln ▪ Schatzkisten ▪ Handpuppe Pino ▪ Piratenlied ▪ Kooperationsbuttons

Wichtige Hinweise zur Vorbereitung: Die Einheiten VIII und IX folgen einem leicht veränderten Ablaufschema, da das Element *Piratentheater* zum ersten Mal eingesetzt wird. Deswegen ist es sinnvoll, dass sich die pädagogischen Fachkräfte in besonderer Weise auf diese Arbeitstreffen vorbereiten.

*(1) **Begrüßung.*** Die anleitenden Fachkräfte setzen sich mit den Jungen in einen Kreis. Anschließend werden die Jungen von den Fachkräften begrüßt und für ihr Erscheinen gelobt. Bevor der Ablauf der achten Einheit vorgestellt wird, wiederholen die Fachkräfte mit den Jungen die gemeinsam aufgestellten Regeln und erläutern den Zusammenhang von Einhaltung der Regeln und Belohnung innerhalb der Schatzkistenrunde.

*(2) **Bewegungsspiel.*** Nach der Begrüßung und einer kurzen Rückschau auf die Gefühlsolympiade in der letzten Einheit wird zu Beginn des achten Gruppentreffens mit den Jungen ein Spiel gespielt, dass Bewegung und die bisher erlernten Emotionen miteinander verbindet. Durch dieses Spiel üben die Jungen Emotionen, Selbstsicherheit und Selbstvertrauen mit ihrem Körper auszudrücken.

Selbstbewusst gehen	
Alle Kinder bewegen sich frei durch den Raum. Zunächst dürfen die Jungen ganz schnell rennen, dann sehr langsam und danach ein Stück rückwärtsgehen. Sobald die Jungen aufgewärmt sind, gibt eine anleitende Fachkraft Anweisungen, die die Kinder ausführen sollen.	
Beispiele:	Geht wie ein Kind, das sich freut. Geht wie ein Kind, dem etwas peinlich ist. Geht wie ein Kind, das Angst hat. Geht wie ein Kind, das traurig ist. Geht wie ein Kind, das wütend ist. Geht wie ein Kind, das selbstbewusst und stolz ist.
Anmerkung:	Die Anleitung kann diese und weitere Anweisungen geben. Um das Piratenthema beizubehalten, können die Anweisungen auch „Geht wie ein Pirat, der sich freut" lauten. Die Emotionen müssen dabei nicht durchgängig direkt benannt werden. Wichtig ist, dass das Spiel immer mit einer positiven Anweisung beendet wird: „Geht wie ein Kind, das sehr stolz auf sich ist."

*(3) **Das Piratenlied.*** Nach dem Bewegungsspiel wird das Piratenlied mit den Jungen gesungen, um Pino aufzuwecken.

(4) Das Piratentheater. Pino begrüßt die Jungen und erklärt ihnen, dass er – anders als in den bisherigen Gruppentreffen – dieses Mal keine Geschichte über Pip mitgebracht hat. Dafür erzählt er ihnen dieses Mal vom Piratentheater.

Pinos Einführung zum und Begleitung beim Piratentheater	
Pino:	*Guten Morgen, ihr Gefühlsabenteurer! In der letzten Zeit habe ich euch viele Geschichten von Pip und den Piratenkindern erzählt, und ihr habt sehr viel über Gefühle gelernt. Heute habe ich keine Geschichte von der Pirateninsel mitgebracht, weil ich etwas ganz Besonderes mit euch vorhabe. Ich möchte nämlich heute mit euch Theater spielen und zusammen mit euch ein echtes kleines Piratentheater veranstalten, bei dem wir so manches, was im Piratenkindergarten oder in eurem Kindergarten passiert, nachspielen. Kinder, wisst ihr denn, was das ist, ein Theater? Wart ihr schon einmal in einem Theater?*

Mit den Jungen wird daraufhin besprochen, ob sie schon einmal in einem Theater waren und was sie unter einem Theater verstehen. Pino kann die Antworten der Kinder aufnehmen und erklären, dass in einem Theater oder bei einem Theaterstück Schauspieler auf einer Bühne eine Geschichte vorspielen und viele Leute dabei zuschauen. Vor allem geht es auch darum, dass sich ein Schauspieler in die Rolle einer anderen Person hineinversetzt: „Manchmal macht ihr das auch. Ihr spielt mit euren Freunden so, als wärt ihr jemand anderes. Bei einem Theaterstück ist das genau dasselbe. Ihr könnt so tun, als wärt ihr die Piratenjungen aus dem Piratenkindergarten und eine Geschichte, die im Piratenkindergarten passiert, vorspielen. Dabei soll eines der Gefühle, von denen ich euch erzählt habe, gezeigt werden." Pino erklärt dann, dass für das Piratentheater, das sie heute gemeinsam spielen, wie in einem richtigen Theater eine Bühne, Schauspieler und Zuschauer benötigt werden. Anschließend wird mit den Kindern im Raum ein geeigneter Platz für die Bühne und die Zuschauerplätze ausgewählt und entsprechend gestaltet (z. B. mit Matten und Kissen). Erst danach werden die Jungen gefragt, wer von ihnen „Zuschauer" oder „Schauspieler" im Piratentheater sein möchte. An dieser Stelle seien noch einmal die drei Phasen des Piratentheaters beschrieben:

Ein paar Tipps zum Piratentheater:

- ✓ Finden sich spontan keine Freiwilligen für das Rollenspiel, hilft oft Abwarten. Zur Not kann Pino schlafen gelegt werden, und die beiden Fachkräfte übernehmen das Schauspiel.
- ✓ Die Erarbeitung mehrerer Möglichkeiten zur Lösung einer sozialen Konflikt- oder Problemsituation tut den Jungen gut, da sie dann für sich entscheiden können, welche Möglichkeit für sie am besten umsetzbar ist.
- ✓ Stören sich die Kleingruppen in Phase III gegenseitig, ist (falls verfügbar) die Zuhilfenahme eines zweiten Raumes sinnvoll.
- ✓ Anleitende Fachkräfte sollten sich nicht scheuen, selbst etwas vorzuspielen. Positive Vorbilder sind auch hier für die Jungen ungemein wichtig!

Erste Phase: Problemdarstellung, Reflexion, Erarbeitung von Lösungsideen. Die erste Phase besteht aus dem Rollenspiel, das von einer Fachkraft und einigen der Jungen (je nach Rollenspielsituation können es zwei bis drei Jungen sein) in der Großgruppe vorgestellt wird. Hierzu fragt die anleitende Fachkraft zunächst nach freiwilligen Mitspielern für eine kleine Vorführung vor den anderen Teilnehmern und der Handpuppe Pino.

Fachkraft:	*Wer von euch möchte denn Schauspieler sein und hat Lust, mit mir zusammen, Pino und den anderen eine kleine Geschichte aus dem Piratenkindergarten vorzuspielen? Was für eine Geschichte das ist, sagen wir den anderen nicht, sondern wir überlegen sie uns gemeinsam vor der Tür.*

Zusammen mit dem Kind bzw. den Kindern, die sich daraufhin melden, verlässt die anleitende Fachkraft den Raum, um eine soziale Situation vorzubereiten. Die anderen Jungen bleiben in Gegenwart von Pino im Raum zurück, wo dieser ihnen nun das weitere Vorgehen und ihre Aufgabe im Verlauf des Rollenspiels erläutert.

Pino:	*Also, ihr Gefühlsabenteurer, wenn die/der xy* (Name der anderen pädagogischen Fachkraft) *und die anderen Kinder uns gleich etwas vorspielen, müsst ihr sehr gut aufpassen. Wenn ihr so ein Theaterstück anschaut, braucht ihr gute Augen, weil ihr sonst nicht erkennt, was passiert und ihr die Gesichter nicht genau seht. Dann braucht ihr auch noch gute Ohren, damit ihr hört, was die Schauspieler reden. Eure Aufgabe ist es, in den Gesichtern und an den Körpern der Schauspieler zu erkennen, wie sie sich fühlen. Meint ihr, dass ihr Gefühlsabenteurer das schafft? (...)*

Die Jungen sollten darauf achten, welche Situation präsentiert wird und welche Gefühle sie bei den Rollenspielern beobachten. Derweil entscheidet sich die anleitende Fachkraft außerhalb des Durchführungsraumes zusammen mit den mitspielenden Jungen für eine spielbare soziale Situation, die für den Kindergartenalltag typisch ist. In diesem Zusammenhang kann die Fachkraft Anregungen geben und Vorschläge machen, z. B.:

- „Streit um eine kleine Schaufel im Piratenkindergarten."
- „Ein Piratenjunge macht meine Schatzkarte kaputt."
- „Ein Piratenjunge wird ausgelacht, weil ihm etwas Peinliches passiert ist" etc.

Die Jungen werden ebenfalls nach ihren Ideen für interessante Spielsituationen gefragt, z. B. „Wann hattet ihr das letzte Mal Streit? Sollen wir diesen Streit mal vorspielen?"

Die ausgewählte Situation wird daraufhin der gesamten Gruppe vorgespielt. Durch das Kommando *„Anker setzen!"* des Papageis Pino wird die Szene mitten in der Bewegung eingefroren, sodass alle Rollenspieler für eine kurze Zeit in ihrer Position verharren. Das Kommando sollte Pino erst geben, wenn die emotionalen Aspekte der Situation sehr deutlich geworden sind. Anschließend werden die folgenden Fragen mit den zuschauenden Jungen besprochen:

Was ist passiert? Was habt ihr beobachtet?
Die Kinder sollen die beobachtete Situation (z. B. *„Luca und Ali spielen mit einem Ball. Leon kommt dazu, schießt den Ball weg und lacht. Luca fängt an zu weinen."*) in ihren eigenen Worten nacherzählen. Dies zeigt den pädagogischen Fachkräften, ob die vorgespielte Situation von den Jungen verstanden wurde und die Durchführung fortgesetzt werden kann.
Wie fühlen sich die beteiligten Personen?
„Was glaubt ihr, wie Luca sich fühlte, als Leon den Ball weggeschossen hat?", *„Wie fühlt sich Leon?"* Die Kinder sollen sich (emotional) in die Rollenspieler hineinversetzen und die erlebten Emotionen benennen.
Woran erkennt ihr, dass sie sich so fühlen?
„Woran sieht man im Gesicht von Luca, dass er traurig ist?", *„Woran erkennt man, dass Leon sich freut?"* Die Kinder sollen in ihrer Wahrnehmung und Interpretation von Emotionen in konkreten sozialen Situationen geschult werden und diese anhand von Mimik, Gestik und Kontext genau beschreiben.

Was genau ist der Auslöser für die Emotion bzw. das Problem/der Konflikt in der dargestellten sozialen Situation?

„Warum ist Luca traurig?", „Warum freut sich Leon?", „Hat er es absichtlich oder versehentlich getan?", „Findet ihr gerecht, was Leon getan hat?" Die Kinder sollen soziale Situationen erkennen und gegebenenfalls das Problem bzw. den vorgespielten Konflikt herausarbeiten und beschreiben.

Was könnten die beteiligten Personen machen, um das Problem/den Konflikt zu lösen bzw. besser mit ihren Gefühlen klarzukommen?

„Was kann Ali machen, damit Luca nicht mehr so traurig ist?" (z. B. Trösten, in den Arm nehmen), „Was können Luca und Ali zu Leon sagen, wenn er absichtlich ihren Ball wegschießt?" (z. B. laut sagen, dass Leon aufhören soll, und ihn fragen, warum er es getan hat bzw. einem Erzieher/einer Erzieherin Bescheid geben etc.). Die Kinder sollen positive Lösungen für Probleme und Emotionsregulationsstrategien entwickeln und durchzuführen lernen. Gegebenenfalls unter Berücksichtigung der unterschiedlichen Perspektiven der am sozialen Problem beteiligten Personen.

Zweite Phase: Inszenierung der Lösungsideen auf der Theaterbühne. In der anschließenden zweiten Phase werden die erarbeiteten Lösungsvorschläge bzw. alternativen Verhaltensweisen von den Rollenspielern umgesetzt, wofür sie von Pino oder der puppenspielenden Fachkraft Feedback bekommen und gelobt werden („Toll, genau so habe ich mir das vorgestellt!"). Die zuschauenden Jungen können die Rollenspieler somit beobachten, wie die Verhaltensweisen/Konfliktlösestrategien in der konkreten Situation angewandt werden.

Dritte Phase: Individuelle Umsetzung im Kleingruppenrollenspiel. In der dritten Rollenspielphase wird den Jungen in zwei oder drei Kleingruppen die Möglichkeit gegeben, das Rollenspiel zu wiederholen, sodass jeder der Jungen die Chance hat, die besprochenen Strategien und Verhaltensweisen zu erproben und einzuüben. Pino und die anleitende Fachkraft begleiten die dritte Phase sehr eng, um den Jungen Tipps und Rückmeldungen geben zu können. Eine geglückte Umsetzung der erarbeiteten Lösungen sollte wie immer durch Lob verstärkt werden.

(5) *Kooperationsspiel.* Im Anschluss an das Piratentheater rundet erneut ein Kooperationsspiel das Gruppentreffen ab. Wenn noch genug Zeit zur Verfügung steht, können die anleitenden Fachkräfte das zeitlich etwas aufwendigere Spiel *Hai-Alarm im Ozean* mit den Jungen spielen. Nahm das Piratentheater hingegen sehr viel Zeit in Anspruch, ist das Spiel *Begegnung auf der Brücke* eine attraktive Alternative (wird in Einheit IX ausführlich beschrieben).

Hai-Alarm im Ozean	
\multicolumn{2}{l}{Der Boden des Raumes wird zum Ozean umbenannt und ist demnach Wasser. Auf beiden Seiten des Raumes wird eine Insel geschaffen (z. B. durch eine kleine Matratze oder eine Gymnastikbank). Ziel ist es, dass sich die Jungen einen Weg von der einen Insel durch den Ozean zur anderen Insel bauen. Hierzu können auf der ersten Insel diverse Utensilien (je nachdem, was in der Turnhalle zur Verfügung steht, u.a. Schaumstoffwürfel, kleine Matratzen, Kisten etc.) bereitgestellt werden, die dafür benutzt werden dürfen. Die Jungen können diese Materialien zwar immer wieder bewegen, dürfen dabei jedoch selbst nicht ins Wasser fallen.}
Variation:	Stehen wenig oder keine Materialien zur Verfügung, können die pädagogischen Fachkräfte jedem Jungen eine alte Zeitung geben. Diese „Steine" eignen sich ebenfalls für die Überquerung des Ozeans. Auch die „Steine" selbst dürfen bewegt und im „Wasser" verschoben werden.
Anmerkung:	Eine weitere Portion Spaß und Spannung erhält dieses Spiel durch Haie, die im Ozean schwimmen und nur darauf warten, dass der ein oder andere Junge seinen Fuß ins „Wasser" setzt. Eine oder zwei Fachkräfte können die Rolle des Hais übernehmen.
Alternative:	Begegnung auf der Brücke; Sturm auf hoher See; Der gordische Knoten (vgl. Download-Materialien)

(6) Schatzkistenrunde. In der Schatzkistenrunde wird den Jungen in dieser Einheit zunächst der Kooperationsbutton (Abb. 30) ausgeteilt. Danach folgt die Schatzkistenrunde dem gleichen Ablaufschema wie in den vorherigen Gruppentreffen. Die Jungen dürfen sich zunächst bei Einhaltung der Gruppenregeln etwas (Goldtaler, Edelstein etc.) aus der Schatzkiste aussuchen. Der Raum wird gemeinsam aufgeräumt und danach werden die Elternbriefe (Abb. 31, S. 135) zur achten Einheit verteilt. Daraufhin werden die Jungen verabschiedet und in ihre Kita-Gruppe zurückgebracht.

Abb. 30: Gefühlsbutton *Kooperation*

> **Achtes Gruppentreffen – „Soziale Situationen bewältigen lernen I"**
>
> Liebe Mama, lieber Papa,
>
> heute hat Pino mit uns ein Piratentheater veranstaltet. Dabei haben wir – wie echte Schauspieler – nachgespielt, welche typischen Streitereien es in der Kita gibt. Pino hat uns dann dabei geholfen nach Lösungen für solche Streitereien zu suchen. Vielleicht weiß ich noch, was wir nachgespielt haben und welche Lösungen uns eingefallen sind. Frag mich doch einfach mal.
>
> PS: Pino & Pip richten liebe Grüße aus!

Abb. 31: Elternbrief zum ersten Teil *Soziale Situation bewältigen lernen* (vgl. Download-Materialien)

4.9 Neuntes Arbeitstreffen: „Soziale Situationen bewältigen lernen II"

EINHEIT IX – Soziale Situationen bewältigen lernen II		
Ziele:	✓ Konflikte erkennen und bewältigen lernen ✓ Förderung der Entwicklung positiver Problemlösestrategien und alternativer Verhaltensweisen (Kompromisse eingehen und kooperativ handeln) ✓ Förderung von Perspektivübernahme und Empathie in bestimmten sozialen (Problem-)Situationen ✓ Einüben der erarbeiteten Problemlösungen	
Inhalte (mit Zeitangabe in Minuten)		**Materialien**
▪ Begrüßung durch die Anleitung ▪ Bewegungsspiel ▪ Piratenlied / Piratentheater ▪ Kooperationsspiel / Entspannungsübung ▪ Schatzkistenrunde	5 10 25 15 5	▪ Gruppenregeln ▪ Schatzkisten ▪ Handpuppe Pino ▪ Piratenlied ▪ Requisiten für Piratentheater (z. B. Spielzeug, Matten, etc.)

(1) Begrüßung. In einer kurzen Begrüßungsrunde geben die anleitenden pädagogischen Fachkräfte zunächst einen Überblick über das bevorstehende Gruppentreffen, das im Prinzip dem Ablaufschema der vorangegangenen Einheit VIII folgt. Wie immer werden die Jungen für ihre Teilnahme gelobt, und es wird an die gemeinsam erarbeiteten Gruppenregeln erinnert.

(2) Bewegungsspiel. Auch im zweiten Gruppentreffen zum Thema „Soziale Situationen bewältigen lernen" wird wieder das Bewegungsspiel *Selbstbewusst gehen* (vgl. Einheit VIII) vorgeschlagen. Sollten die Jungen den Wunsch nach noch mehr „Action" äußern (z. B. „Wir wollen aber lieber das Spiel *Flut, Anker, Hai* spielen!"), können die beiden Spiele auch verknüpft werden. Beispielsweise kann an eine Runde *Flut, Anker, Hai* das selbstbewusste Gehen angeschlossen werden, oder umgekehrt. Die Ausgangslage für das Piratentheater sollte sein, dass die Jungen zuvor Spaß und Freude im Bewegungsspiel erfahren haben.

(3) Das Piratenlied. Mit den Kindern wird wie in den bisherigen Einheiten das Piratenlied gesungen. Gegen Ende der zweiten Wiederholung des Refrains wird Pino von der puppenspielenden Fachkraft aus der Schatzkiste geholt, so dass er den Rest des Liedes gemeinsam mit den Jungen singen kann.

(4) Das Piratentheater. Der Ablauf des Piratentheaters entspricht dem aus Einheit XIII. Es werden die in der vorherigen Einheit beschriebenen Phasen mit den dazugehörigen Arbeitsfragen in der entsprechenden Reihenfolge durchgeführt. Nachdem Pino geweckt wurde, begrüßt er die Jungen, fragt nach ihrem Befinden und wiederholt mit ihnen die Inhalte der letzten Einheit bzw. des letzten Piratentheaters.

Pinos Begleitung beim Piratentheater	
Pino:	*Ahoi, liebe Gefühlsabenteurer! Gut, dass ihr mich wieder geweckt habt. Ich hätte sonst glatt unsere gemeinsame Zeit verschlafen. Wie geht es euch denn heute? Wer erinnert sich noch daran, was wir beim letzten Mal zusammen gemacht haben? Könnt ihr euch auch an das Piratentheater und die vorgespielten Geschichten erinnern?*

Mit Unterstützung von Pino sollen sich die Kinder nochmals die Rollenspielsituationen der letzten Einheit vergegenwärtigen. Dabei wird mit ihnen besprochen, welche sozialen (Konflikt-)Situationen beim letzten Piratentheater vorkamen, welche Gefühle die Beteiligten in den Situationen erlebten und wie der Konflikt gelöst bzw. die soziale Situation bewältigt werden konnte. Pino lobt die Kinder für ihr gutes Gedächtnis und ihre tollen Ideen. Im Anschluss leitet er zu einer erneuten Durchführung des Piratentheaters über.

| Pino: | *Da ihr beim letzten Mal so toll geschauspielert habt, möchte ich heute wieder mit euch ein kleines Piratentheater organisieren. Also lasst uns die Zuschauerplätze aufbauen und die Bühne freiräumen. Wer möchte denn heute Schauspieler sein und sich zusammen mit xy* (Name der Fachkraft) *eine Geschichte überlegen, die vorgespielt werden kann?* |

Aus der praktischen Erfahrung haben nicht alle Freiwilligen im ersten Piratentheater die Möglichkeit bekommen vor der Großgruppe am Rollenspiel teilzunehmen (Phase I und II). Aus diesem Grund sollten die teilnehmenden Jungen, die bei der ersten Aufführung nicht ausgewählt wurden, nun berücksichtigt werden.

Wenn im Rahmen des ersten Piratentheaters soziale Konfliktsituationen inszeniert und besprochen wurden (z. B. Streit, Umgang mit Konflikten und Eingehen von Kompromissen), sollten im zweiten Piratentheater nach Möglichkeit andere soziale Situationen und Kompetenzen fokussiert werden. Insbesondere sollten dabei soziale Kompetenzen thematisiert werden, die die Gestaltung von Beziehungen betreffen. Hierbei bietet sich das Nachspielen von Situationen an, in denen die Kinder (besser) lernen können, auf andere zuzugehen, um Sympathie zu werben, eigene Bedürfnisse auszudrücken und Grenzen zu setzen. So können z. B. eher schüchterne Jungen lernen, andere Kinder zu fragen, ob sie mitspielen dürfen. Grenzen zu setzen und *Nein* zu sagen lässt sich anhand von Situationen üben, in der man nicht von seiner Tante geküsst werden möchte, in der sich jemand vordrängelt etc. Wird beispielsweise die Situation vorgespielt, dass sich ein Junge nicht traut auf andere spielende Kinder zuzugehen, kann sich wieder der Papagei Pino zu Wort melden, um als Modell zu fungieren, Tipps zu geben und zu Phase II überzuleiten. Dabei könnte er Folgendes sagen:

Pino:	*Manchmal ist es nicht leicht auf andere Kinder zuzugehen und bei ihnen mitzuspielen, besonders, wenn man schüchtern ist. Ich bin auch oft schüchtern. Wisst ihr noch, als ich das erste Mal zu euch in den Kindergarten gekommen bin? Da habe ich mich überhaupt nicht getraut, aus der Schatzkiste zu kommen. Jetzt ist es für mich kein Problem mehr, weil ich euch nun schon besser kenne. Jetzt traue ich mich und bin mutig. Sicher kennt ihr das auch. Es ist nicht schlimm, schüchtern zu sein. Oft hilft es, daran zu denken, dass es anderen Kindern auch manchmal so geht wie euch. Dann wird der Mut schnell ein bisschen größer und man traut sich. Was könnte der* (Name des Rollenspielers) *denn jetzt am besten machen oder sagen, um auf die anderen Kinder zuzugehen?*

Nachdem in Phase II die erarbeiteten Handlungsmöglichkeiten durch die Rollenspieler umgesetzt wurden, lobt Pino die Jungen, beispielsweise mit den Worten: „Bravo, du hast es geschafft! Wie fühlst du dich jetzt, nachdem du dich getraut hast? Du kannst stolz auf dich sein!" Darauffolgend bekommen alle Jungen in Phase III die Möglichkeit, die erarbeiteten Handlungsmöglichkeiten im Kleingruppenrollenspiel einzuüben. Pino und die zweite Fachkraft betreuen diese Phase erneut sehr eng, geben Feedback und loben die Jungen für ihre Bemühungen und Lösungsversuche.

(5) Kooperationsspiel / Entspannungsübung. Nach Abschluss des Piratentheaters wird erneut ein Kooperationsspiel gespielt. Den Kindern dürfen sich aus den bisher kennengelernten Kooperationsspielen eines auszusuchen. Sollten die bisherigen Kooperationsspiele keine Begeisterung (mehr) hervorrufen, ist das in Einheit VIII bereits genannte, aber noch nicht erklärte Spiel *Begegnung auf der Brücke* eine gute Wahl.

Begegnung auf der Brücke	
Auf der Landungsbrücke eines Schiffes geht es manchmal eng zu und doch muss der eine Pirat vom Schiff runter und der andere Pirat aufs Schiff. Paarweise begegnen sich die Jungen nun auf einer schmalen Brücke (z. B. Gymnastikbank oder durch Klebestreifen/Kreide markiert). Ziel ist es, aneinander vorbeizukommen, ohne ins „Wasser" zu treten oder zu fallen und ohne sich gegenseitig zu verletzen.	
Vorbereitung:	Die anleitende Fachkraft kann den Kindern den Tipp mit auf den Weg geben, sich im Vorhinein kurz zu überlegen, welche Möglichkeiten es gibt, unbeschadet und freundlich aneinander vorbeizukommen.
Alternative:	Hai-Alarm im Ozean; Sturm auf hoher See; Loberunde (vgl. Download-Materialien)

Nach den inneren Anstrengungen des Theaterspielens eignet sich alternativ auch eine Entspannungsübung, damit die Jungen zur Ruhe kommen und die gespielten Emotionen „von sich abstreifen" können.

(6) Schatzkistenrunde. Nachdem die im Piratentheater erarbeiteten Lösungen mit den Kindern wiederholt wurden, werden die Jungen in der Schatzkistenrunde gebeten, den Kooperationsbutton aus der vorangegangen Einheit aus ihrer Schatzkiste zu nehmen. Gemeinsam kann noch einmal festgehalten werden, was bei Konflikten und in Problemsituationen hilfreich sein kann. Anschließend dürfen sich die Jungen, sofern sie die Gruppenregeln eingehalten haben, ihre verdienten Kostbarkeiten aus der Schatzkiste aussuchen, bevor der Raum gemeinsam aufgeräumt wird. Wie gewohnt werden die Elternbriefe (siehe Abb. 32, S. 139) verteilt und die Jungen in ihre Kita-Gruppe zurückgebracht.

> **Neuntes Gruppentreffen – „Soziale Situationen bewältigen lernen II"**
>
> Liebe Mama, lieber Papa,
>
> in schwierigen Situationen klarzukommen, braucht Übung, meint Pino. Daher haben wir heute noch einmal das Piratentheater aufgebaut und Streitereien oder andere Szenen nachgespielt. Wie letztes Mal, darfst du mich gerne fragen, was wir gespielt haben und welche Lösungen uns eingefallen sind. Vielleicht erinnere ich mich ja an alles.
> Das nächste Gruppentreffen ist schon das letzte, dann werden wir uns von Pip und Pino verabschieden müssen. Vielleicht kannst du mich ja fragen, wie es mir damit geht? 
>
> PS: Pino & Pip richten liebe Grüße aus!

Abb. 32: Elternbrief zum zweiten Teil *Soziale Situation bewältigen lernen* (vgl. Download-Materialien)

4.10 Zehntes Arbeitstreffen: „Abschluss"

EINHEIT X – Abschluss		
Ziele:	✓ Vermittlung und Vertiefung von prosozialem Wissen und Einstellungen durch Wiederholung der zentralen Inhalte im Gruppengespräch ✓ Erleben positiver Emotionen	
Inhalte (mit Zeitangabe in Minuten)		**Materialien**
▪ Begrüßung durch die Anleitung ▪ Bewegungsspiel ▪ Piratenlied / Piratenrunde ▪ Traumreise ▪ Überreichung der Urkunden	5 20 10 15 10	▪ Gruppenregeln ▪ Schatzkisten ▪ Handpuppe Pino ▪ Piratenlied ▪ Kissen/Wolldecken ▪ Abschluss-Urkunden ▪ evtl. CD-Player

Wichtige Hinweise zur Vorbereitung: Für die abschließende Einheit wird der Raum gemütlich hergerichtet. Da die Kinder zum Ende der Einheit zu einer Phantasiereise auf die Pirateninsel eingeladen werden, müssen ausreichend Decken und Kissen vorhanden sein, damit es sich die Kinder bequem machen können. Die Fachkräfte machen sich zuvor hinreichend mit der Instruktion zur Traumreise vertraut und legen den Text für sich bereit. Ebenfalls werden die Teilnahme-Urkunden (siehe Abb. 33, S. 146), die zum Abschluss ausgeteilt werden, vorbereitet.

(1) Begrüßung. Die Kinder werden zur abschließenden Einheit X begrüßt und für ihr Erscheinen gelobt. Die anleitenden Fachkräfte klären über den Ablauf der Einheit auf und erinnern die Jungen daran, dass es die letzte Sitzung ist.

(2) Bewegungsspiel. Aus dem gesamten Spielepool, der den Jungen aus den bisherigen Gruppentreffen bekannt ist, dürfen die Jungen sich ein Spiel heraussuchen. Neben einem Bewegungsspiel können auch ein Kooperations- oder selbstwertsteigerndes Spiel gewählt werden. Zeitlich ist es im letzten Gruppentreffen durchaus möglich, auch zwei Spiele zu realisieren.

(3) Die Piratenrunde und das gemeinsame Singen des Piratenlieds. Die Piratenrunde der letzten Einheit widmet sich der Auswertung der Schatzkisten der Kinder. Die Fachkräfte setzen sich dazu mit den Jungen in einen Kreis. Nachdem Pino durch Singen des Piratenlieds geweckt wurde, bittet er die Jungen, ihre eigenen Schatzkisten zu holen und die Gefühlsbuttons auf dem Boden vor ihnen zu verteilen.

Pinos Abschlussgeschichte	
Pino:	*Ahoi, meine Gefühlsabenteurer! Als ich gerade wach geworden bin, ist mir eingefallen, dass ich heute zum letzten Mal hier bei euch im Kindergarten bin... Wenn ich so daran denke, dass ich mich später von euch verabschieden muss, werde ich ganz traurig, weil ich jeden einzelnen von euch Gefühlsabenteurern sehr liebhabe. In der letzten Zeit habe ich euch viel über den Piratenjungen Pip aus dem Piratenkindergarten erzählt. Ihr habt mir zugehört und zusammen mit mir gerätselt, welche Gefühle Pip so alles erlebt hat, und woran wir diese Gefühle erkennen können. Für jedes Gefühl, das wir zusammen kennengelernt haben, habt ihr einen Anstecker für eure Schatzkisten bekommen. Meint ihr, ihr schafft es, euch an alle Gefühle zu erinnern? Holt doch mal eure kleinen Schatzkisten her und legt eure Gefühlsbuttons vor euch auf den Boden. Ich bin gespannt, ob ihr euch an alle Gefühle erinnert.*

Danach werden Emotionsausdruck, Emotionsvokabular, Emotionswissen und Emotionsregulationsstrategien zu den einzelnen Emotionen mithilfe der Gefühlsbuttons wiederholt. Hierzu bittet Pino die Jungen, den Gefühlsbutton der jeweiligen Emotion (Angst/Furcht, Freude, Wut/Ärger, Trauer/Traurigkeit, Scham, Stolz) zu finden und hochzuhalten. Danach werden folgende Fragen von Pino gestellt:

- Woran erkennt ihr, dass jemand Angst hat (bzw. traurig/wütend/stolz ist etc.)? Könnt ihr mir sein Gesicht beschreiben? Wie sieht der Körper aus, wenn jemand Angst hat (bzw. traurig/wütend/stolz ist etc.) oder welche Geräusche macht ein Körper dann?

- Welche Situationen kennt ihr, in denen jemand Angst hat (traurig/wütend/stolz ist etc.)?

Im Zusammenhang mit der Besprechung der Emotionen Wut/Ärger, Scham, Angst/Furcht und Trauer/Traurigkeit kann darüber hinaus folgendes gefragt werden:

- Was könnt ihr machen, wenn ihr ängstlich seid (bzw. traurig/wütend seid oder euch schämt)?
- Was könnt ihr machen, wenn jemand anderes ängstlich ist (bzw. traurig/wütend ist oder sich schämt)?
- Was könnt ihr denken oder sagen, wenn euch jemand anderes versucht eure Gefühle wegzureden (z. B., wenn ihr zu hören bekommt: „Jungen weinen nicht!", „Stell dich nicht so an!", „Du Angsthase!" etc.)?

Im Anschluss daran gibt Pino noch eine letzte kurze Zusammenfassung zum Thema Gefühle, bevor er die Kinder zu einer Traumreise auf die Pirateninsel einlädt.

Pino:	Toll, ihr habt alle Gefühle richtig benannt und beschrieben! Ihr habt erkannt, dass man sich manchmal über etwas so richtig freut! Dann fühlt man sich so, als würde man am liebsten singen und tanzen und die ganze Welt ist schön. Es gibt da aber auch noch eine Menge anderer Gefühle. Zum Beispiel sind viele von euch traurig, wenn euer bester Freund euch nicht mitspielen lässt, oder wütend, wenn Papa wieder mal keine Zeit für euch hat. Viele von euch schämen sich, wenn andere Kinder einen auslachen und manche haben Angst im Dunkeln einzuschlafen. Manchmal wollen euch Erwachsene oder andere Kinder eure Gefühle ausreden oder machen sich über eure Gefühle lustig, indem sie sagen „Du bist ein Angsthase!" oder „Du weinst wie ein Mädchen!". Aber ich finde, dass eure Gefühle zu euch gehören und wichtig sind, egal was die anderen sagen! Ich bin richtig stolz auf euch und finde, dass ihr echte Gefühlsabenteurer geworden seid! Als richtige Gefühlsabenteurer habt ihr euch vielen Abenteuern gestellt und einiges erlebt. Nun ist es Zeit, dass ihr euch einmal eine kleine Pause gönnt und euch hinlegt und ausruht. Denn nach jedem großen Abenteuer hat man sich auch eine Pause verdient! Wir haben für jeden von euch Decken und Kissen mitgebracht, damit ihr es euch hier im Raum so richtig gemütlich machen könnt. Der/Die (Name der Fachkraft) liest euch meine Abschiedsgeschichte vor. Es ist eine Traumreise, bei der ihr auch die Augen zumachen dürft, um besser zuhören zu können.

(4) Traumreise. Um sich innerlich von dem imaginären Piratenjungen Pip zu verabschieden, laden die anleitenden Fachkräfte die Jungen, nach der Wiederholung alles bisher Erlebten und Gelernten und der Zusammenfassung Pinos, auf eine Traumreise ein. Hierfür sollen es sich die Jungen im Raum gemütlich machen. Die Fachkräfte können Matratzen, Kissen und Decken zur Verfügung stellen. Gegebenenfalls kann begleitend auch eine CD mit Naturgeräuschen zur Entspannung, z. B. mit Meeresrauschen, während des Vorlesens der Phantasiereise abgespielt werden.

Abschied von Pip (Traumreise)

(Gelesen von einer pädagogischen Fachkraft)

Hallo, ihr lieben Gefühlsabenteurer!
Habt ihr ein schönes Plätzchen für euch gefunden?
Gut! Dann hört gut zu – es geht los!

Mach es dir bitte richtig bequem,
kuschle dich richtig schön in die Decke ein,
du kannst bestimmt deine Unterlage spüren,
wenn du die Augen schließt, spürst du sogar noch mehr,
versuche es mal – schließe einfach mal die Augen.
Dein Kopf liegt ganz bequem auf der Unterlage,
deine Schultern sind locker,
deine Brust hebt und senkt sich,
du hörst deinen Atem und spürst die Luft durch deinen ganzen Körper strömen,
alles ist ruhig, die Decke angenehm weich,
deine Füße sind schön warm,
dein Bauch ist warm und weich,
und ganz langsam steigst du in ein Schiff,
ein Schiff, das sich erhebt,
das gemeinsam mit dir davon schwebt
und dich in deine Traumwelt bringt.
Während du mit dem Schiff davonfliegst, bist du ruhig und entspannt,
du atmest gleichmäßig ein... und aus...,
lass dir Zeit...

(Traumreise:)
Das Schiff, in das du eingestiegen bist, legt an –
Du kletterst vorsichtig die Leiter hinunter –
Deine Füße berühren den Strand –
Der Sand ist weiß und ganz fein –
Die feinen Sandkörner kitzeln dich leicht –
Damit du nicht laut loslachen musst, setzt du dich –
Der Sand unter deinem Po fühlt sich angenehm warm an –
Die Insel kommt dir irgendwie bekannt vor –

Du schaust dich um –
Die Sonnenstrahlen spiegeln sich im Meer und blinzeln dich an –
Vögel fliegen über das Wasser –
Du kannst nur ihre Umrisse sehen, manche grau, manche bunt –
Am Strand siehst du Gräser – Palmen – Blumen, die es bei uns gar nicht gibt –
Der Wind streift dich und du fühlst dich sehr wohl –
Die Sonne strahlt auf dich hinunter –
Du fühlst die angenehme Wärme auf deinem Körper –
Die Sonne wärmt deinen Bauch und deine Füße –
Die Wellen rauschen in deinen Ohren –
Und du kannst Möwen hören, wie sie rufen –
Zwischen den Palmen hörst du auf einmal Stimmen –
Es sind Kinderstimmen –
Erst ganz leise, dann immer lauter –
Du fragst dich, woher sie kommen –
Ist es denn möglich? –
Da erinnerst du dich –
Es ist die Insel von Pip –
Pip, dem kleinen Gefühlsabenteurer –
Ein Rascheln bei den Palmen und du schaust hin –
Langsam biegen sich grüne Zweige zurück –
Ein Gesicht kommt zum Vorschein –
Ein Piratentuch um den Kopf –
Die Mundwinkel zeigen nach oben und du erkennst weiße Zähne –
Es ist Pip! –
Er kommt dir langsam entgegen –
Er lächelt dich an –
Er begrüßt dich auf der Kindergarteninsel und setzt sich zu dir –
Du hast tausend Fragen –
Pip nimmt sich viel Zeit –
Er redet mit dir über all die Abenteuer, die er erlebt hat –
Die Zeit verfliegt wie im Flug –
Du schaust aufs Meer –
Die Sonne geht bereits unter –
Ein rotes Licht fällt auf die Insel –
Das Rauschen der Wellen wird weniger und leiser –
Du schaust in den Himmel und siehst einen bunten Punkt –
Er kommt immer näher –
Langsam erkennst du Umrisse –
Es ist ein Vogel, der angeflogen kommt –
Er landet auf dem Schiff und schaut dich mit seinen schwarzen Augen an –
An seinem Schwanz trägt er lange, bunte Federn –
Sein Schnabel ist rund und spitz –
Bevor er anfängt zu sprechen, schaut er dich liebevoll an –
Du weißt genau, wer das ist –

> Er sagt: „Pip, wir müssen los! – Auf uns warten neue Abenteuer" –
> Du schaust zu Pip und er schaut dich an –
> Du siehst, dass Pip ein bisschen traurig ist –
> Langsam geht er auf dich zu und drückt dich –
> Du spürst seine warme Hand –
> Spürst, dass er dich gerne hat –
> Leise flüstert er dir ins Ohr:
> „Die Zeit mit dir war so schön – Ich hoffe, wir sehen uns mal wieder" –
> Langsam lässt er dich wieder los –
> Durch den Sand geht er von dir weg und klettert auf das Schiff –
> Pip löst die Leinen und das Schiff treibt langsam davon –
> Du hebst deine Hand zum Abschied –
> Auch Pip hebt seine Hand und winkt dir zu –
> Du freust dich und fängst an zu grinsen –
> Das Schiff fährt davon und wird immer kleiner –
> Bis es nur noch ein Punkt auf dem Meer ist –
> Du lässt die Augen schweifen über die Insel und das Meer –
> Du setzt dich wieder an den Strand –
> und siehst noch eine Weile auf das Meer hinaus –
> Du atmest kräftig ein… und langsam wieder aus –
>
> Du atmest ein letztes Mal tief durch,
> du reckst die Arme
> und streckst und räkelst dich wie eine Katze.
> Du öffnest langsam die Augen
> und gewöhnst dich an das helle Licht des Raumes.

Es wird abgewartet, bis alle Jungen wieder wach und konzentriert ins „Hier und Jetzt" zurückgekehrt sind. Danach vertiefen die folgenden Fragen das Erlebte:

- Wie hat euch die Reise zur Pirateninsel gefallen?

- Was habt ihr dort gesehen? Was fandet ihr besonders schön?

- Habt ihr euch mit Pip unterhalten? Wenn ja, worüber?

- Konntet ihr euch von Pip verabschieden?

- Wie geht es euch jetzt? Seid ihr entspannt/wach?

Im Anschluss werden die Jungen gebeten, die Kissen und Decken wegzuräumen. Es wird ein Kreis gebildet, damit die Fachkräfte den Jungen die Abschluss-Urkunden und eventuell andere Erinnerungen (z. B. Fotos aus den letzten Einheiten) überreichen können.

(5) Überreichung der Urkunden und Erinnerungen. Zum Abschluss wird den Kindern die Gefühlsabenteurer-Urkunde überreicht (siehe Abb. 33, S. 146), die die erfolgreiche Teilnahme am Gruppenprogramm bescheinigt. Pino bzw. eine Fachkraft liest hierzu den Text auf der Urkunde laut vor und überreicht jedem Teilnehmer sowohl die Urkunde als auch seine Schatzkiste, die nun als Erinnerung mit nach Hause genommen werden darf. Danach verabschiedet sich Pino von jedem Teilnehmer einzeln, indem er ihm für die Mitarbeit dankt und ihn lobt, dass er jetzt ein echter Gefühlsabenteurer geworden ist. Zum Abschied darf jeder, der möchte, Pino noch einmal streicheln und kurz mit ihm kuscheln. Wie nach jeder Einheit werden die Jungen anschließend zurück in ihre Kita-Gruppe gebracht. Für die Eltern liegt auch in dieser letzten Einheit ein Elternbrief vor (siehe Abb. 34).

Zehntes Gruppentreffen – „Abschluss"

Liebe Mama, lieber Papa,

heute haben wir uns von Pip und Pino verabschiedet. Wir haben eine tolle Urkunde bekommen und sind echte Gefühlsabenteurer geworden. Deshalb durften wir auch unsere eigenen Schatzkisten mit nach Hause nehmen.
Wenn du mich danach fragst, zeig ich dir bestimmt meine Schatzkiste und den Schatz darin. Dann werden wir auch Pips Gefühlsgesichter finden. Als echter Gefühlsabenteurer kann ich dir bestimmt erklären, welche Gefühle auf den Buttons abgebildet sind.

PS: Pino & Pip verabschieden sich und sagen Ahoi!

Abb. 34: Elternbrief zur letzten Einheit

AUSZEICHNUNG

Herzlichen Glückwunsch,

lieber_____!

Du bist nun ein echter Gefühlsabenteurer!

Wir sind sehr stolz auf dich!

Pass gut auf dich auf, wenn du dich zu neuen Abenteuern aufmachst!

Ahoi,

Pip und Pino

Abb. 33: Die Abschlussurkunde (vgl. Download-Materialien)

5. Einbettung des Gruppenprogramms in den Kita-Alltag

Die in der Gruppe der „Gefühlsabenteurer" besprochenen Inhalte und Übungen entfalten in dem Maße einen nachhaltigen Lerneffekt, indem sie auch außerhalb der Gruppentreffen, also im „normalen" Alltag der Kinder, relevant werden. Aus diesem Grund sollten die Jungen im Idealfall nicht nur bei den wöchentlichen Gruppentreffen, sondern auch im „normalen" Kita-Alltag angeregt werden, die geförderten sozial-emotionalen Kompetenzen weiter zu erproben, auszubauen und zu vertiefen. Auf diese Weise kann das Gruppenprogramm eine nachhaltigere Wirkung erzielen, wovon vermutlich nicht nur die teilnehmenden Jungen profitieren, sondern auch die anderen Kinder der Kita. Doch erfahrungsgemäß hüten die Jungen ihre Erfahrungen und das bei den Gruppentreffen Gelernte gerne wie den Piratenschatz in ihrer Piratenkiste. Manchmal fällt es den Jungen schwer, sich auch außerhalb des geschützten Raums des Gruppenprogramms als „Gefühlsabenteurer" zu verhalten. Deswegen kann es vorkommen, dass sie sich in ihrer Kita-Gruppe anders verhalten als in der Piratenrunde. Möglicherweise sind die fürsorgenden und einfühlsamen Rollen durch die Mädchen in der Kita-Gruppe schon sehr stark besetzt oder das Gelernte ist noch zu neu und unsicher, um es direkt anwenden zu können. Diese inneren Hindernisse und Ambivalenzen sollten von den pädagogischen Fachkräften hinreichend berücksichtigt werden; ungünstig wäre es hingegen, die Jungen ermahnend auf die Diskrepanzen zwischen ihren unterschiedlichen Verhaltensweisen hinzuweisen.

Die pädagogischen Fachkräfte können den Lerntransfer im Kita-Alltag unterstützen, indem sie z. B. bei auftretenden Konflikten auf die bekannten Fragestellungen des Piratentheaters zurückgreifen: „Was genau ist passiert?"; „Wie fühlst du dich?"; „Was glaubst du, wie sich Mehmet jetzt fühlt?"; „Woran kannst du das erkennen?"; „Warum ist Mehmet traurig (bzw. wütend etc.)?"; „Was könnt ihr nun tun, um das Problem zu lösen?". Den Jungen ist diese Art der Situationsreflexion bereits aus den Gruppentreffen vertraut, sodass sie jetzt die besprochenen Bewältigungsstrategien im „Ernstfall" anwenden können. Auch die selbständige Bewältigung kleinerer Auseinandersetzungen und Konflikte verlangt von den Kindern viel Mut und Kraft, weshalb es seitens der Fachkräfte wichtig ist, sowohl den Versuch als auch den Erfolg anzuerkennen und zu loben.

Generell sollten die Kinder dazu angeregt und darin unterstützt werden, alle erarbeiteten Bewältigungsstrategien von Emotionen im Kita-Alltag anzuwenden. Als Beispiel kann hier die Einheit zur Emotion *Wut* genannt werden. Um zu lernen, wie sie mit Wutgefühlen umgehen können, haben die Jungen verschiedene Strategien ausprobiert, wie beispielsweise auf den Boden stampfen, in ein Wutkissen schlagen oder sich gedanklich bzw. leise vor sich hin zu sagen: „Nur ruhig Blut, das tut gut!" Deswegen ist es sinnvoll, dass es auch in der Kita-Gruppe ein Wutkissen gibt (beispielsweise ein großes Kissen mit rotem Samtbezug). Dieses Wutkissen kann dann von allen Kinder genutzt werden, um die Emotion Wut auszudrücken, ohne dabei anderen Kindern wehzutun oder etwas kaputt zu machen. Wenn die pädagogischen Fachkräfte beobachten, dass ein Kind gerade sehr wütend wird bzw. ist, können sie es an das Wutkissen (oder die anderen Bewältigungsstrategien) erinnern und im Anschluss mit dem Kind über seine Erfahrung sprechen: „Was ist passiert, dass du so wütend geworden bist?", „Hat dir das Wutkissen geholfen?", „Wie geht es dir jetzt?" etc. Analog zu diesen Beispielen lassen sich zahlreiche Elemente des Gruppenprogramms „Gefühlsabenteurer" in den Kita-Alltag übertragen (z. B. Gefühlsbuttons, um nonverbal zu zeigen, wie es mir gerade geht; Einführung von Lobrunden; Entspannungstechniken etc.).

6. Elternarbeit

6.1 Warum die Eltern unbedingt einbezogen werden sollten

Eltern sind für Kita- und Vorschulkinder die wichtigsten Bindungspersonen und tragen sehr wesentlich zur deren Entwicklung bei. Im Hinblick auf die sozial-emotionale Entwicklung der Kinder sind die Qualität der Eltern-Kind-Beziehung und das elterliche Erziehungsverhalten außerordentlich einflussreich. Die Art und Wiese, wie feinfühlig Eltern auf die kindlichen Emotionsregungen reagieren und diese dem Kinde spiegeln, wie eigene Gefühle ausgedrückt und reguliert werden, und wie mit dem Kind über Emotionen und soziale Situationen gesprochen wird, erleichtert oder erschwert den Aufbau sozial-emotionaler Kompetenzen. Darüber hinaus sind Eltern wichtige soziale Rollenmodelle, an denen sich die Kinder orientieren und sich soziale Verhaltensweisen abschauen.

Vor diesem Hintergrund bildet die Elternarbeit ein zentrales Element des sozialpädagogischen Gruppenprogramms „Gefühlsabenteurer". Wenn es gelingt, die Eltern mit „ins Boot" zu holen, können die bei den Gruppentreffen besprochenen Themen und Lernprozesse auch zu Hause im familiären Alltag aufgegriffen und weitergeführt werden. Umgekehrt könnte das Gruppenprogramm ein „Strohfeuer" ohne nachhaltige Wirkung bleiben, wenn es im Alltag der Kinder keinerlei Resonanz findet. Aus diesem Grund sollten die Eltern (ggf. auch wichtige Bezugspersonen wie Großeltern) durch Elternabende und Elternbriefe in die Durchführung des Programms „Gefühlsabenteurer" einbezogen werden. Zum einen sollten sie über dessen Inhalte und Ziele aufgeklärt werden, zum andern sollten sie dazu angeregt werden, die angestoßenen Lernprozesse zu unterstützen und weiterzuführen. Um die Einbeziehung der Eltern zu erreichen, werden sie zu Beginn und zum Abschluss der Durchführungsphase zu einem Elternabend eingeladen. Während der Umsetzung des Gruppenprogramms erhalten sie nach jeder Einheit die bereits vorgestellten Elternbriefe.

6.2 Aufbau und Durchführung von Elternabenden

Im Folgenden wird ein möglicher Ablaufplan für die beiden Elternabende vorgestellt, an dem sich die pädagogischen Fachkräfte des Gruppenprogramms orientieren können.

Elternabend I. Die Eltern sollten frühzeitig und schriftlich zum ersten Elternabend eingeladen werden, bei dem das sozialpädagogische Gruppenprogramm „Gefühlsabenteurer" vorgestellt wird. Es empfiehlt sich, bereits im Einladungsschreiben einige Informationen zu den Zielen und Durchführungsmodalitäten zu geben, um bei den Eltern eine gewisse Neugier zu wecken. Selbstverständlich darf darin auch formuliert werden, dass Väter besonders willkommen sind, da diese als männliche Rollenvorbilder für Jungen ja besonders wichtig sind. Eine Vorlage für eine Einladung an die Eltern findet sich in Abb. 35 (S. 150).

Zu Beginn des Elternabends findet im Anschluss an die Begrüßung zunächst eine kleine Vorstellungsrunde statt. Bereits an dieser Stelle können die Eltern aufgefordert werden, ein wenig über ihren Sohn zu erzählen: „Was für ein Kind ist Ihr Sohn, wie würden sie ihn beschreiben? Welche Eigenschaft Ihres Sohnes gefällt Ihnen besonders gut?" Anschließend gelingt es in der Regel recht leicht, eine Überleitung zum Thema der sozial-emotionalen Kompetenzen zu finden. In jedem Fall sollten die anleitenden Fachkräfte den Eltern einen kurzen fachlichen Input anbieten, damit diese die Zielsetzungen und das Konzept des Gruppenprogramms nachvollziehen können. Insbesondere sollte den Eltern deutlich werden, warum gerade Jungen im Bereich der Gefühle und der sozial-emotionalen Kompetenzen von einer solchen Fördermaßnahme profitieren können. Es ist an dieser Stelle darauf zu achten, dass theoretische Konzepte (z. B. sozial-emotionale Kompetenzen, geschlechtersensible Pädagogik etc.) möglichst kompakt und in Alltagssprache dargestellt werden. Insbesondere bei Eltern aus bildungsfernen sozialen Milieus besteht die Gefahr, dass ausführliche Darstellungen von „grauer Theorie" eher als abschreckend und demotivierend wahrgenommen werden. Sollten Eltern jedoch ein besonderes Interesse am theoretischen Hintergrund des Programms bekunden (z. B. Eltern mit akademischem Hintergrund), finden sich im Theorieteil dieses Buchs ausreichende Informationen und Erläuterungen.

Neben der theoretischen Begründung ist es vor allem wichtig, Eltern den zeitlichen Rahmen und die Durchführungsmodalitäten des Gruppenprogramms zu erläutern und offene Fragen zu beantworten. Zum Ende hin wird den Eltern das Prinzip der Elternbriefe (siehe nächstes Kapitel) erklärt. Anhand eines Beispiels wird aufgezeigt, wie ein solcher Elternbrief aussehen kann. Darüber hinaus können die Fachkräfte im Bedarfsfall bereits im Rahmen des ersten Elternabends allgemeine Tipps für einen förderlichen Umgang mit den Emotionen ihrer Söhne geben (z. B. über Emotionen sprechen; Gefühle aktiv benennen; Emotionen wie Angst, Wut und Trauer zulassen und begleiten).

Einladung zum Elternabend
Informationen über unser neues Projekt für Jungen im Vorschulalter

Liebe Eltern,

in den kommenden Wochen haben wir mit den Jungen, die im nächsten Jahr voraussichtlich in die Schule kommen, etwas ganz Besonderes vor:
ein Projekt namens „Gefühlsabenteurer"!

Das hat natürlich einen Grund: ihr Junge beginnt seit einiger Zeit damit, sich mit anderen Kindern zu vergleichen. Dabei entdeckt er sowohl Gemeinsamkeiten als auch Unterschiede. Insbesondere merkt er immer mehr, dass er ein Junge ist und kein Mädchen. Junge zu sein und ein Mann zu werden, ist aber oftmals gar nicht so einfach.
Unsere Umwelt ist häufig sehr widersprüchlich, was denn einen Jungen oder einen Mann ausmacht. Darf auch ein Junge traurig sein oder Angst haben? Ist es okay, wenn er sich für etwas schämt? Und wie kann er mit seiner Wut umgehen, ohne andere zu verletzten oder etwas zu zerstören?

Durch das Projekt „Gefühlsabenteurer" möchten wir den Jungen zeigen, dass Gefühle menschlich sind und wir alle dieselben Gefühle in uns haben! Die Frage ist, ob wir Worte dafür haben, also darüber sprechen können, ohne dabei Gefahr zu laufen, dass wir deswegen ausgelacht oder eine andere negative Erfahrung machen. Wir wollen den Jungen daher einen Raum zur Verfügung stellen, in dem sie folgende Erfahrungen sammeln können:

- Ich lerne, welche Gefühle es gibt und wie sie heißen!
- Ich weiß, wie es aussieht, wenn sich jemand freut oder schämt oder wütend, traurig, ängstlich, stolz ist!
- Ich kann meine Wünsche, Bedürfnisse und Gefühle äußern!
- Ich weiß, wie ich anderen helfen kann, wenn sie traurig, wütend, ängstlich oder beschämt sind.
- Ich weiß, was ich tun kann, wenn ich selbst traurig, wütend, ängstlich oder beschämt bin.
- Ich bin stolz auf mich, da ich vieles kann und einmalig bin!

Das Thema Gefühle ist ein spannendes Abenteuer! Am kommenden Elternabend wollen wir Ihnen mehr darüber erzählen und mit Ihnen über das Projekt „Gefühlsabenteurer" sprechen. Dafür laden wir sie herzlich ein!

Mit vielen Grüßen

Ihr Kita-Team

Abb. 35: Textvorlage für die Einladung zum Elternabend (vgl. Download-Materialien)

Als Auflockerung empfiehlt es sich, den Eltern bereits einige konkrete Einblicke in das Programm „Gefühlsabenteurer" zu geben. So kann sich z. B. die Papagei-Handpuppe Pino den Eltern selbst vorstellen („Ahoi, liebe Eltern! Schön dass wir uns heute schon mal kennenlernen!"). Ferner können die pädagogischen Fachkräfte die unterschiedlichen Emotionsausdrücke von Pip zeigen und die Eltern raten lassen, welche Emotion zu sehen ist und woran sie dies festmachen. Im Anschluss kann kurz erläutert werden, wie die pädagogische Arbeit mit diesen Materialien aussieht. Abschließend und als Ausblick kann bereits auf den zweiten Elternabend hingewiesen werden, auf dem die Eltern erfahren, wie die Durchführung von „Gefühlsabenteurer" geklappt hat und welche Lernfortschritte ihre Kinder in dieser Zeit gemacht haben.

Elternabend II. Nach dem Ende des Gruppenprogramms sollte ein zweiter Elternabend eingeplant werden, zu dem die Eltern erneut rechtzeitig eine schriftlich oder mündliche Einladung der Kita erhalten (da diese sehr kurz gehalten werden kann, wurde auf eine Vorlage an dieser Stelle verzichtet). Zunächst begrüßen die pädagogischen Fachkräfte die Eltern und geben einen Überblick zum Verlauf des Abends. Es folgt eine Arbeitsphase, in der sich die Eltern untereinander über die Erfahrungen austauschen sollen, die sie während der „Gefühlsabenteurer"-Programms mit ihren Söhnen gemacht haben. Dieser Austausch wird von den pädagogischen Fachkräften moderiert und kann flexibel ausgestaltet werden. Im Anschluss daran sollten die pädagogischen Fachkräfte detailliert über ihre Arbeit und ihre Erfahrungen während der Durchführung des Gruppenprogramms berichten. Dabei sollten sie u.a. beschreiben, welche Inhalte sie in den einzelnen Einheiten vermittelt haben und wie der Lernprozess aus ihrer Sicht verlaufen ist. Dabei können und sollen sie auch auf die einzelnen Kinder und deren Entwicklung eingehen, denn dies interessiert die Eltern in aller Regel ganz besonders. Hierfür ist ausreichend Zeit einzuplanen, um diesbezügliche Fragen der Eltern zu beantworten. Bilder, Fotos und ggf. Videosequenzen runden die Erzählungen der Fachkräfte ab und geben den Eltern einen sehr konkreten Einblick in die Welt der „Gefühlsabenteurer". Abschließend sollten die Eltern nochmals daran erinnert werden, dass sie selbst die sozial-emotionalen Kompetenzen ihrer Söhne sehr wirksam und nachhaltig fördern können, wenn sie die im Rahmen des Gruppentrainings vermittelten Anregungen im Alltag aufgreifen und weiterführen.

Weitere Hinweise zu den Elternabenden. Über Gefühle zu sprechen und sich mit ihnen auseinanderzusetzen, fällt auch vielen Erwachsenen schwer. Entsprechend kann das sozialpädagogische Gruppenprogramm „Gefühlsabenteurer" und die dort behandelte Thematik sozial-emotionaler Kompetenzen auch auf Seiten der Eltern Skepsis und Abwehrreflexe auslösen. Die pädagogischen Fachkräfte sollten auch diesen eher skeptischen Eltern Zeit geben und ihnen mit der gleichen professionellen Haltung begegnen, wie es in Bezug auf die teilnehmenden Jungen beschrieben wurde. Gerade weil die Elternarbeit im vorliegenden Zusammenhang so wichtig ist, stellt sie oft eine besondere professionelle Herausforderung dar. Pädagogische Fachkräfte können hier zeigen, über welche sozial-emotionalen Kompetenzen sie selbst verfügen! Mit einer unterstützenden und kooperierenden Haltung kann es in der Regel gelingen, das Vertrauen der Eltern zu gewinnen und eine gute Kooperation zu erreichen. Im Übrigen werden die Fachkräfte in Gesprächen mit Eltern unweigerlich auch mit deren Vorstellungen von Männlichkeit konfrontiert, die nicht selten eher „konservativ" sind („Ein richtiger Junge braucht doch keine Gefühlsduselei!"). Hier sollten die pädagogischen Fachkräfte der Versuchung widerstehen, die Eltern zu einer politisch korrekten Meinung zu „bekehren". Mit Wertschätzung und Fingerspitzengefühl kann es jedoch durchaus gelingen, Eltern zum Nachdenken über bislang unhinterfragte Männlichkeitsvorstellungen anzuregen. Im Idealfall kann das sozialpädagogische Gruppenprogramm „Gefühlsabenteurer" Eltern darin unterstützen, die eigenen emotionalen und sozialen Fähigkeiten zu reflektieren und ihren Kindern bewusst ein gutes Vorbild im Umgang mit Emotionalität und sozialer Konfliktbewältigung zu sein.

6.3   Programmbegleitende Elternbriefe

Wie bereits durch die ausführliche Beschreibung der einzelnen Einheiten deutlich wurde, erhalten die teilnehmenden Jungen nach jeder Einheit einen kurzen Elternbrief. Diese Elternbriefe sind aus der Perspektive der teilnehmenden Jungen geschrieben (Ich-Form). Sie beschreiben die zentralen Lerninhalte der jeweiligen Gruppentreffen und informieren die Eltern kurz über die Inhalte der Einheit. Die Elternbriefe sollen die Eltern außerdem dazu anregen, zu Hause mit ihren Söhnen über deren Erlebnisse im Gruppenprogramm (Spiele, Geschichten etc.) zu sprechen. Insbesondere zielen die Elternbriefe auf eine nachgehende Reflexion der behandelten Emotionen und sozialen Situationen ab. In allen Elternbriefen findet sich eine bildliche Darstellung der im jeweiligen Gruppentreffen thematisierten Emotion (vorzugsweise eine Abbildung von Pip, dem Piratenjungen). Auch dadurch wird es den Eltern erleichtert, sich mit den Kindern über die besprochenen Emotionen und Situationen zu unterhalten. Neben der Abbildung erhalten die Eltern zumeist eine konkrete Anregung, wie sie mit ihren Kindern ins Gespräch kommen können, beispielsweise: „Vielleicht könntest du mich fragen, wie sich das Gefühl nennt und woran ich erkenne, dass Pip sich so fühlt. Ich könnte die Antwort nämlich wissen." Solche Gespräche über Emotionen eröffnen die Chance zu einer engeren, vertrauteren Eltern-Sohn-Beziehung. Darüber hinaus können sie dazu beitragen, rigide Vorstellungen von Männlichkeit zu hinterfragen. Wenn beispielsweise ein Vater angeregt wird, mit seinem Sohn über das Gefühl Angst zu reden und dabei erzählt, dass er sich als Kind auch vor so manchen Dingen fürchtete (und selbst als Erwachsener noch ab und zu Angst hat), wurde eine wichtiges Ziel des Gruppenprogramms „Gefühlsabenteurer" erreicht.

7. Beobachtungs- und Evaluationsbögen

Um das Verhalten sowie Lern- und Entwicklungsprozesse der teilnehmenden Jungen während der Programmdurchführung strukturiert zu dokumentieren, haben wir einen *Beobachtungsbogen* entwickelt (Abb. 36, S. 154), der von den anleitenden pädagogischen Fachkräften eingesetzt werden kann. Dieser Beobachtungsbogen orientiert sich vom Prinzip her am KOMPIK[8]-Beobachtungsbogen, der für die Beobachtung und Dokumentation der Entwicklung von Kindergartenkindern im Alter von dreieinhalb bis sechs Jahren konzipiert ist.

Die anleitenden Fachkräfte können diesen Beobachtungsbogen für jeden teilnehmenden Jungen nach jeder Einheit ausfüllen. Wir haben versucht, den Beobachtungsbogen möglichst praxistauglich zu gestalten, indem er nur die für das Programm „Gefühlsabenteurer" relevanten Verhaltens- und Entwicklungsbereiche in den Blick nimmt. Das Ausfüllen der Bögen für 10 Teilnehmer beansprucht maximal 20 bis 25 Minuten. Inhaltlich fokussiert der Beobachtungsbogen die Bereiche „Teilnahmemotivation und Einhaltung der Gruppenregeln" (Items 1–3) und die Bereiche „Emotionale Kompetenz" (Items 6–10) bzw. „Soziale Kompetenz" (Items 11–13). Zum Ende hin können in einem freien Feld besondere Vorkommnisse während der Durchführung und individuelle Bemerkungen zu den Teilnehmern festgehalten werden. Die nach Abschluss der Sitzung erfolgende, kurze und individuelle Dokumentation des Verhaltens der teilnehmenden Kinder soll die pädagogischen Fachkräfte dabei unterstützen, das Erleben und Verhalten des Kindes während der Durchführung besser zu verstehen. Außerdem können die Beobachtungsbögen dazu genutzt werden, Lern- und Entwicklungsprozesse zu dokumentieren, indem die Beobachtungen der ersten Einheiten mit späteren Einheiten der Programmdurchführung verglichen werden.

Neben dem Dokumentations- und Beobachtungsbogen kann das sozialpädagogische Gruppenprogramm durch die teilnehmenden Kinder mit dem *Abschluss-Fragebogen* (siehe Abb. 37, S. 156) evaluiert werden kann. Die Jungen sollen darin angeben, wie ihnen die Gruppentreffen insgesamt gefallen haben (Frage 1) und welche Inhalte des Programms sie in diesem Zusammenhang besonders gut (Frage 2) bzw. nicht so gut fanden (Frage 3). Darauffolgend sollen die Jungen die im Programm thematisierten Emotionen (*Freude*, *Trauer*, *Angst*, *Wut*, *Scham* und *Stolz*) anhand von Bildvorlagen, auf denen der mimische und gestische Emotionsausdruck des Piratenjungen Pip dargestellt ist, benennen und beschreiben. Dadurch lässt sich herausfinden, inwiefern sich Emotionswissen und Emotionsvokabular bei den teilnehmenden Jungen auch nach der Durchführungsphase gehalten haben. Optional können die Jungen während

---

[8] KOMPIK (steht für „Kompetenzen und Interessen in Kindertageseinrichtungen") ist ein Verfahren zur Erfassung von Entwicklungs- und Bildungsprozessen bei Kindergartenkindern. Es richtet sich an pädagogische Fachkräfte in Kindertagesstätten und umfasst 158 Fragen. Zum kostenlosen Download verfügbar unter: http://www.kompik.de/software.html

Beobachtungsbogen

Name:_____ Einheit:___ Thema:_____ Datum:_____

		Trifft zu	Trifft eher zu	Trifft weniger zu	Trifft nicht zu
I.	**Teilnahmemotivation**				
1	Der Junge hält sich an die Gruppenregeln.				
2	Er ist wissbegierig und begeistert sich für die Inhalte des Programms.				
3	Er arbeitet konzentriert und lässt sich nicht ablenken.				
4	Er steht gerne im Mittelpunkt.				
5	Er ist zurückhaltend.				
II.	**Emotionale Kompetenz**				
6	Der Junge kann sprachlich ausdrücken, wie er sich fühlt.				
7	Er kann sprachlich ausdrücken, wie Pip bzw. die anderen Kinder sich fühlen.				
8	Er kann Auslöser/Gründe für eigene Gefühle benennen.				
9	Er kann Auslöser/Gründe für Gefühle bei Pip und anderen Kindern benennen.				
10	Er kann seine Gefühle effektiv regulieren.				
III.	**Soziale Kompetenz**				
11	Der Junge verhält sich in der Jungengruppe kooperativ.				
12	Er arbeitet bei komplexen Aufgaben (z.B. Rollenspiel) gut mit anderen zusammen.				
13	Er hält Absprachen und Anweisungen der anleitenden Fachkräfte ein.				

Besondere Vorkommnisse und Kommentare:

der Befragung zu den Bildvorlagen gefragt werden, in welchen beispielhaften Situationen die Emotionen auftreten und was für Strategien sie im Umgang mit der Emotion bei sich und anderen kennen, um zu erkennen, ob die Jungen sich an emotionsauslösende Situationen und Emotionsregulationsstrategien/prosoziale Verhaltensweisen erinnern oder bereit sind, über persönliche, emotionale Erfahrungen zu berichten. Das Ausfüllen dieses Fragebogens soll nach Möglichkeit von pädagogischen Fachkräften begleitet werden, die das Gruppenprogramm *nicht* angeleitet haben. Sozial erwünschtes Antwortverhalten kann somit vermieden werden. Die pädagogischen Fachkräfte sollten darauf achten, möglichst den genauen Wortlaut der Antworten der Jungen auf dem Evaluationsbogen festzuhalten. Erfahrungsgemäß ist es besonders aufschlussreich, den Fragebogen mit den teilnehmenden Jungen etwa drei bis vier Wochen nach Abschluss des Programms auszufüllen. Damit kann überprüft werden, ob die Erlebnisse mit den „Gefühlsabenteurern" tatsächlich bleibende Spuren bei den teilnehmenden Jungen hinterlassen haben.

Abschluss-Fragebogen

Hallo, lieber _____,

nun ist seit den Abenteuern mit Pip und Pino schon einige Zeit vergangen. Seitdem ist bei dir einiges passiert und daher möchte ich heute von dir wissen, ob du dich noch an einige Dinge rund um das Projekt „Gefühlsabenteurer" erinnern kannst. Dafür habe ich ein paar Fragen vorbereitet, die ich dir nun vorlese:

(Bitte die Antworten in den Worten der Kinder aufschreiben)

Wie hat dir das Projekt „Gefühlsabenteurer gefallen?	SEHR GUT	WAR OKAY	GAR NICHT

Was hat dir besonders gut gefallen?

Gab es etwas, das dir nicht so gut gefallen hat?

Kannst du dich noch an die folgenden Pip-Gesichter erinnern?

(Nachfolgend werden „Pips Emotionen" benötigt; vgl. Download-Material)

Lass es uns versuchen und ein kleines Quiz machen!

Wie fühlt sich Pip auf dem ersten Bild? _____	(FREUDE)
Woran erkennst du das? _____	
Und wie fühlt er sich auf dem nächsten Bild? _____	(WUT)
Woran erkennst du das? _____	
Wie fühlt er sich auf diesem Bild? _____	(TRAUER)
Woran kannst du das erkennen? _____	
Und wie fühlt er sich auf diesem Bild? _____	(ANGST)
Und woran du das erkennst? _____	
Fast geschafft – wie fühlt Pip sich hier? _____	(SCHAM)
Woran hast du das erkannt? _____	
Wie nennt man das Gefühl auf dem letzten Bild? _____	(STOLZ)
Woran kannst du das erkennen? _____	

Super, schon geschafft! Vielen Dank, dass du dir die Zeit genommen hast!

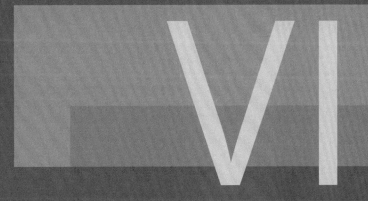

VI
Ausblick

VI Ausblick

> *Eine bessere Welt werden wir nur schaffen können,
> wenn beide Geschlechter glücklicher und
> ihren Bedürfnissen gemäß leben können.
> Wenn wir wollen, dass es in der Welt mehr ausgeglichene,
> liebevolle und fähige Männer gibt, dann müssen wir damit beginnen,
> Jungen weniger zu kritisieren und zu korrigieren
> und ihnen mehr Verständnis entgegenzubringen.*
>
> (Steve Biddulph)

Der australische Familienpsychologe Steve Biddulph beschäftigt sich in seinen Büchern mit der Frage, wie Jungen anders, besser und ihren Bedürfnissen entsprechend erzogen werden können. Damit knüpft er an die ursprünglich von der Frauenbewegung ausgelöste Diskussion darüber an, welchen Beitrag eine emanzipatorische Erziehung leisten kann, um Benachteiligungen von Mädchen abzubauen und ein Beitrag zu einem gerechteren Geschlechterverhältnis zu leisten. Biddulph geht nun einen Schritt weiter und plädiert für eine geschlechtersensible Erziehung und Pädagogik auch mit Jungen. Er ist davon überzeugt, dass es besser um die Welt bestellt wäre, wenn Männer auch ihre „weiblichen" Seiten besser entwickeln und ausleben könnten. Starke Männer sind demzufolge Männer, die einen guten Zugang zu ihren Gefühlen haben und ihre Beziehungen liebevoll und konstruktiv gestalten können. Wie aber können wir dieses Ziel erreichen?

Für Eltern und pädagogische Fachkräfte ist es oft eine besondere Herausforderung, reflektiert, wertschätzend und verständnisvoll mit Jungen und ihren Gefühlen umzugehen. Der Autor Götz Haindorff schreibt dazu: „Wir neigen dazu, die Gefühle von Jungen zu überfordern oder ganz zu übergehen. Wir suchen nach Abkürzungen oder erwarten unbewusst von Jungen, dass sie einige entscheidende emotionale Schritte überspringen. Vielleicht denken wir manchmal, dass sie gar keine Gefühle besitzen, weil sie nach außen so selten emotional wirken. Kurz gesagt, wir wollen Zeit und Mühe sparen und dennoch das gewünschte Ergebnis erzielen. Das tatsächliche Resultat ist fast immer ein Desaster. Warum? Weil solche Manipulationen zu einem Klima mangelnden Vertrauens führen. Jungen spüren die Ungeduld und Strenge ihrer Eltern, weil sie nicht das tun, was ihre Eltern von ihnen erwarten. Aus Angst vor den Konsequenzen können sie dann nicht offen mit ihren Eltern sein" (Haindorff, 2003).

Vor diesem Hintergrund ist ein verständnisvoller Umgang mit den Gefühlen und Bedürfnissen von Jungen, wie ihn Steve Biddulph fordert, umso wichtiger. Dies bedeutet nicht nur, deren weiche, gefühlvolle Seiten sensibel wahrzunehmen und entsprechende Signale bewusst aufzugreifen. Ein verständnisvoller Umgang bedeutet auch, Empathie für die „wahren" Gefühle und Bedürfnisse von Jungen zu haben, die sich häufig hinter der Fassade betont männlicher Verhaltensweisen und Äußerungen verbergen. Eltern und pädagogische Fachkräfte sollten sich in diesem Zusammenhang auch bemühen, Verständnis und Akzeptanz für die Kinder aufzubringen, die sich zunächst einmal an den „klassischen" männlichen (und weiblichen) Rollenstereotypen verbergen. Wir dürfen nicht vergessen, wie viel Sicherheit und Orientierung es Kindern gibt, sich im ganz konventionellen Sinne als „richtiger Junge" (oder als „richtiges Mädchen") zu fühlen – und sich dabei auch von dem jeweils anderen Geschlecht abzugrenzen. Dies gilt im Übrigen ja oft genug auch für uns Erwachsene selbst.

Sich gemeinsam mit Jungen auf die Welt der Emotionen einzulassen, ist unserer Erfahrung nach tatsächlich ein „Gefühlsabenteuer". Wenn Sie, liebe Leserin und lieber Leser, das in diesem Buch vorgestellte sozialpädagogische Gruppenprogramm durchführen, werden sie sich unweigerlich auf neues, unvertrautes Terrain begeben und viele neue, überraschende und bereichernde Erfahrungen machen. Mit großer Sicherheit werden Sie immer wieder auf unvorhergesehene Emotionen treffen – vielleicht auf Seiten der Kinder oder deren Eltern, oder aber bei sich selbst. Denn letztendlich geht es uns allen gleich: Wollen wir im Einklang mit unseren Emotionen und Bedürfnissen leben, müssen wir lernen, sie bewusst wahrzunehmen, zu verstehen und zu akzeptieren. Und dies ist im besten Sinne des Wortes ein „Gefühlsabenteuer"! Emotionen sind rational schwer greifbar. Sie überrumpeln uns, wenn wir es nicht erwarten. Sie lassen uns lachen, wenn uns zum Weinen ist. Das Schönste aber ist, dass sie uns menschlich machen.

In diesem Sinne wünschen wir Ihnen bei der Durchführung des sozialpädagogischen Gruppenprogramms „Gefühlsabenteurer" viel Freude und ein gutes Gelingen! Über Anregungen, Rückmeldungen und Erfahrungsberichte aus der Praxis würden wir uns natürlich sehr freuen: gefuehlsabenteurer@gmx.de.

Literatur

Bernhard, A. (2016). „... dann bin ich schon stolz ein Mann zu sein" – Zur Jungenarbeit in geschlechtshomogenen Gruppen. In: Stecklina, G. & Wienforth, J. (Hrsg.). Impulse für die Jungenarbeit. Denkanstöße und Praxisbeispiele (S. 30–45). Weinheim: Beltz Juventa.

Bischof-Köhler, D. (2010). Evolutionäre Grundlagen geschlechtstypischen Verhaltens. In: Steins, G. (Hrsg.). Handbuch Psychologie und Geschlechterforschung (S. 153–174). Wiesbaden: VS Verlag für Sozialwissenschaften.

Blank, T. & Adamek, K. (2010). Singen in der Kindheit. Eine empirische Studie zur Gesundheit und Schulfähigkeit von Kindergartenkindern und das Canto elementar-Konzept zum Praxistransfer. Münster: Waxmann.

Blickhan, D. (2015). Positive Psychologie. Ein Handbuch für die Praxis. Paderborn: Junfermann Verlag.

Borg-Laufs, M., Gahleitner, S. & Hungerige, H. (2012). Schwierige Situationen in Therapie und Beratung mit Kindern und Jugendlichen. 1. Auflage. Weinheim: Beltz.

Brown, J., Donelan-McCall, N. & Dunn, J. (1996). Why Talk about Mental States? The Significance of Children's Conversations with Friends, Siblings, and Mothers. Child Development. 67 (3), 836–849.

Chaplin, T. & Aldao, A. (2013). Gender differences in emotion expression in children: A meta-analytic review. Psychological Bulletin, 139(4), 735–765.

Eliot, L. (2010). Wie verschieden sind Sie. Die Gehirnentwicklung bei Mädchen und Jungen. Berlin: Berlin Verlag.

Focks, P. (2016). Starke Mädchen, starke Jungen. Genderbewusste Pädagogik in der Kita. Freiburg: Herder.

Görlitz, G. (2004). Psychotherapie für Kinder und Jugendliche. Erlebnisorientierte Übungen und Materialien. Stuttgart: Klett-Cotta.

Haindorff, G. (2003). Die Jungs von nebenan. Das magische Land der jungen männlichen Psyche. Göttingen: Satzwerk.

Halbright, R. (2016). Versteckte Tränen. Einblicke in die Gefühlswelt von Jungen. In: Decurtins, L. (Hrsg.). Zwischen Teddybär und Superman. Was Eltern über Jungen wissen müssen. 3., überarbeitete Auflage (S. 54–62). München: Ernst Reinhardt.

Hannover, B. & Schmidthals, K. (2007). Geschlechtsdifferenzen in der Entwicklung. In: Hasselhorn, M. & Schneider, W. (Hrsg.). Handbuch der Entwicklungspsychologie (S. 419–428). Göttingen: Hogrefe.

Hess, S. (2010). Themen, Methoden und Haltungen in der Zusammenarbeit mit Eltern. In: Neuß, N. (Hrsg.). Grundwissen Elementarpädagogik. Ein Lehr- und Arbeitsbuch (S. 275–284). Berlin: Cornelsen.

Hillenbrand, C., Hennemann, T. & Heckler- Schell, A. (2009). „Lubo aus dem All"- Vorschulalter. Programm zur Förderung sozial-emotionaler Kompetenzen. München: Ernst Reinhardt.

Höhl, S. & Weigelt, S. (2015). Entwicklung in der Kindheit (4–6 Jahre). München: Ernst Reinhardt.

Holodynski, M. & Oerter, R. (2002). Motivation, Emotion und Handlungsregulation. In: Oerter, R. & Montada, L. (Hrsg.). Entwicklungspsychologie. 5. vollständig überarbeitete Auflage (S. 551–557). Weinheim: Beltz.

Holodynski, M. (2009). Entwicklung. In: Brandstätter, V. & Otto, J. H. (Hrsg.). Handbuch der Allgemeinen Psychologie – Motivation und Emotion (S. 463–472). Göttingen: Hogrefe.

Hüther, G. (2011). Was wir sind und was wir sein könnten. Ein neurobiologischer Mutmacher. Frankfurt am Main: S. Fischer.

Izard, C. (2002). Translating Emotion Theory and Research Into Preventive Interventions. Psychological Bulletin, Vol. 128, No. 5, 796–824. Verfügbar unter: http://bit.ly/2revS5t (Zugriff am: 09.06.2017)

Izard, C., Fine, S., Schultz, D., Mostow, A. J., Ackerman, B. P., Youngstrom, E. A. (2001). Emotion knowledge as a predictor of social behavior and academic competence in children at risk. Psychological Science. 12, 18–23.

Kasten, H. (2012). Entwicklungspsychologische Aspekte der Erziehung und Bildung von Jungen. In: Matzner, M. & Tischner, W. (Hrsg.). Handbuch Jungen-Pädagogik. 2. Auflage (S. 66–79). Weinheim: Beltz.

Koglin, U. & Petermann, F. (2009). Verhaltenstraining im Kindergarten. Ein Programm zur Förderung sozial-emotionaler Kompetenzen. Göttingen: Hogrefe.

Konrad, F.-M. & Schultheis, K. (2008). Kindheit. Eine pädagogische Einführung. Stuttgart: Kohlhammer.

Laskowski, A. (2000). Was den Menschen antreibt: Entstehung und Beeinflussung des Selbstkonzepts. Frankfurt a. M.: Campus.

Lohhaus, A. & Vierhaus, M. (2015). Entwicklungspsychologie des Kindes- und Jugendalters für Bachelor. 3., überarbeitete Auflage. Berlin: Springer.

Mähler, C. (2007). Kindergarten- und Vorschulalter. In: Hasselhorn, M. & Schneider, W. (Hrsg.). Handbuch der Entwicklungspsychologie (S. 164–174). Göttingen: Hogrefe.

Mayer, H., Heim, P. & Scheithauer, H. (2007). Papilio. Ein Programm für Kindergärten zur Primärprävention von Verhaltensproblemen und zur Förderung sozial-emotionaler Kompetenz. Ein Beitrag zur Sucht- und Gewaltprävention. Theorie und Grundlage. Augsburg: beta institus Verlag.

Payton J. W., Wardlaw D. M., Graczyk, P. A., Bloodworth, M. R., Tompsett, C. J. & Weissberg R. P. (2000). Social and emotional learning: a framework for promoting mental health and reducing risk behavior in children and youth. The Journal of school health. 70(5), 179–186.

Petermann, F. & Wiedebusch, S. (2016). Emotionale Kompetenz. 3., überarbeitete Auflage. Göttingen: Hogrefe.

Petermann, F., Niebank, K. & Scheithauer, H. (2004). Entwicklungswissenschaft. Entwicklungspsychologie – Genetik – Neuropsychologie. Heidelberg: Springer.

Portmann, R. (2015). Die 50 besten Spiele für mehr Sozialkompetenz. 10. Auflage. München: Don Bosco Medien.

Portmann, R. (2016). Die 50 besten Spiele für mehr Selbstvertrauen. 4. Auflage. München: Don Bosco Medien.

Rohrmann, T. & Wanzeck-Sielert, C. (2014). Mädchen und Jungen in der KiTa. Körper, Gender, Sexualität. Stuttgart: Kohlhammer.

Saarni, C. (1999). A Skill-Based Model of Emotional Competence: A Developmental Perspective. Paper presented as part of the symposium, Emotion Management in Interpersonal Relationships: Converging Evidence and Theoretical Models, at the biennial meeting of the Society for Research in Child Development, Albuquerque, New Mexico, April 1999. Verfügbar unter: http://bit.ly/2raGUh1 (Zugriff am 09.06.2017)

Salbert, U. (2015). Ganzheitliche Entspannungstechniken für Kinder. Bewegungs- und Ruheübungen, Geschichten und Wahrnehmungsspiele aus dem Yoga, dem Autogenen Training und der Progressiven Muskelentspannung. 9. Auflage. Münster: Ökotopia.

Schweighofer-Brauer, A. (2011). Cross Work. Geschlechterpädagogik überkreuz in Deutschland und Österreich. Sulzbach/Taunus: Ulrike Helmer Verlag.

Seligman, M. E. P. (2004). Positive Psychology in Practice. Hoboken, NJ: John Wiley & Sons.

Seligman, M.E.P. (2006). Learned Optimism: How to Change Your Mind and Your Life. New York: Vintage.

Siegler, R., Eisenberg, N., DeLoache, J., Saffran, J. (2016). Entwicklungspsychologie im Kinder- und Jugendalter. 4. Auflage. Berlin: Springer.

Tenenbaum, H. R., Alfieri, L., Brooks, P. J. & Dunne, G. (2008). The effects of explanatory conversations on children's emotion understanding. British Journal of Developmental Psychology. 26(2), 249–263.

Tomoff, M. (2017). Positive Psychologie in der Erziehung. Für Eltern und andere Erziehende. Wiesbaden: Springer.

Wißkirchen, H. (2002). Die heimlichen Erzieher. Von der Macht der Gleichaltrigen und dem überschätzten Einfluss der Eltern. München: Kösel.

Wüthrich, S. (2015). Förderung von Selbstwirksamkeit und Selbstwert. In: Schär, M. & Steinebach, C. (Hrsg.). Resilienzfördernde Psychotherapie mit Kindern und Jugendlichen. Grundbedürfnisse erkennen und erfüllen (S. 55–69). Weinheim: Beltz.

Praxisbücher für die Kita

Wir sind genauso schnell wie ... Andere!
Bis 10 Uhr bestellen, superschnelle Lieferung innerhalb BRD mit DHL Paket ab dem nächsten Tag!

Christine Leutkart / Annemarie Steiner (Hrsg.)
Malen, bauen und erfinden
Ästhetische Bildung in Kindertageseinrichtungen

Dieses Buch bietet nicht nur eine Fülle an künstlerischen Techniken für Kinder mit praktisch orientierten Impulsen, sondern es werden auch theoretische Grundlagen rund um ästhetisch-künstlerische Prozesse vermittelt. Es richtet sich besonders an pädagogische Fachkräfte, die ihre Kenntnisse im Bereich der ästhetischen Bildung auffrischen und vertiefen wollen sowie Anregungen für die Praxis suchen.
Im ersten Teil des Buches wird auf praxisrelevante Fragen eingegangen:
• Welchen Herausforderungen muss sich die heutige ErzieherInnenpersönlichkeit in der Praxis stellen?
• Welche Bedeutung hat Ästhetik für das kindliche Erleben und wie kann diese im pädagogischen Alltag berücksichtigt werden? Begriffe wie Kreativität, kreative Prozesse und ihre Merkmale werden beleuchtet.
• Wie äußern sich kindliche Entwicklungsprozesse beim Malen, Zeichnen und beim plastischen Gestalten, und wie sieht eine pädagogische Haltung aus, die diese unterstützt?
Anstöße zu einer die Kreativität anregenden Raumgestaltung sowie ein Erfahrungsbericht aus einem Montessori-Kinderhaus, das „keinen Tag ohne Linie" verstreichen lässt, geben einen Einblick in die Praxis und schlagen die Brücke zum zweiten Teil des Buches, der eine Fülle an praktischen Anregungen bietet.
Der Schwerpunkt des praktischen Teils liegt in der Vermittlung von künstlerischen Techniken des bildnerischen Bereiches. Informationen über Gestaltungsmaterialien, Impulse zum kreativen Umgang mit Papier und Farbe, mit plastischen Materialien wie Ton, Holz und Papiermaschee, aber auch mit Natur- und Alltagsmaterial, werden durch Bezüge zu Themenfeldern wie Naturpädagogik, zu naturwissenschaftlichen Phänomenen und zu verschiedenen Formen des Darstellenden Spiels ergänzt.
Die Auswahl der Methoden, Techniken und Materialien beziehen sich vor allem auf Kinder im Alter von etwa drei bis sechs Jahren. Es versteht sich jedoch von selbst, dass die Gestaltungsimpulse sowohl für jüngere, als auch für ältere Kinder in modifizierter Form geeignet sind.
Jede der beschriebenen Anregungen birgt eine Vielzahl an Abwandlungsmöglichkeiten, derer sich die LeserInnen für ihre eigene praktische Arbeit bedienen können. Und so soll es auch sein: Je nach Bedingungen und Konzept der Kindertageseinrichtung, je nach Alter und Voraussetzungen der Kinder, sowie persönlichen Kompetenzen und Neigungen der pädagogischen Fachkräfte, kann jeder praktische Gestaltungsimpuls eine individuelle Umsetzung erfahren. Das Beleuchten verschiedener Themen und Fragestellungen, die sich in der ästhetischen Bildung stellen, soll die fachliche und persönliche Auseinandersetzung beleben. Den eigenen pädagogischen Standpunkt angesichts des gesellschaftlichen Wandels immer wieder zu überprüfen und gegebenenfalls neu zu beziehen, ist ein Merkmal einer flexiblen ErzieherInnenpersönlichkeit, wie sie heute im pädagogischen Alltag gebraucht wird. Kinder im Bereich der ästhetischen Bildung zu fördern, ist ein wesentlicher Aspekt des Bildungsauftrages für Kindertageseinrichtungen. Dieses Buch will einen informativen, aber gleichzeitig auch anregenden und praxisnahen Beitrag dazu liefern..

2017, 224 S., farbige Abb., Format 16x23cm, Klappenbroschur, Alter: 3–6
ISBN 978-3-8080-0767-9 | Bestell-Nr. 1266 | 19,95 Euro

Maike Hülsmann / Julia Bauschke / Sabine Dudek / Sabine Hanstein / Jessica Schmidt
Segel setzen, Leinen los! Auf Piratenreise im letzten Kitajahr
Ein Programm zur Förderung schulischer Basiskompetenzen

Das Jahr vor der Einschulung ist eine ganz besondere Zeit für die Kinder. Sie blicken der Schule mit großer Begeisterung entgegen und freuen sich darauf, endlich Lesen, Schreiben und Rechnen zu lernen. Dies ist ein bewegtes Programm zur Förderung schulischer Basiskompetenzen. Es nimmt die Kinder mit auf eine abenteuerliche Lernreise und begleitet sie in ihrem Übergang von der Kita in die Schule. Eingebettet in eine Piraten-Abenteuergeschichte bereisen die Kinder im Laufe des Programms insgesamt 8 „Inseln", die verschiedene Entwicklungsthemen widerspiegeln. Dabei greift das Programm bedeutende Bausteine der Entwicklung strukturiert auf und vertieft und stärkt wichtige basale Bausteine für das Lernen in der Schule – motorische Fähigkeiten, Wahrnehmung, Sozialverhalten, Lernkompetenzen sowie fachliche Basisfähigkeiten wie phonologische Bewusstheit und mathematische Grundkompetenzen.

2017, 296 S., farbige Abb., Format DIN A4, Beigabe: 324 Vorlagen auf CD-ROM, Klappenbroschur, Alter: 5–7
ISBN 978-3-8080-0803-4 | Bestell-Nr. 1279 | 39,95 Euro

Karin Flurer-Brünger
Faszination Ton
Pädagogische Möglichkeiten mit Ton – Mit Förderaspekten für die Inklusion

Ton bietet ein breites Spektrum von Möglichkeiten der Betätigung, des Bewirkens, Veränderns, Gestaltens und ideeller Verwerfens, mit oder ohne Ziel und Zweck. Kinder können verschiedenste elementare Erfahrungen mit Konstruktion, Statik, Physik und Chemie machen. Mit großer Motivation werden Lösungen erarbeitet.
Sie benötigen eine genaue Anleitung für das Brennen im Elektro-Ofen? Sie möchten Kindern die Verwandlung des Tons durch die Kraft des Feuers erleben lassen – zum Beispiel beim Brennen im selbstgebauten Papierofen? Alle Anleitungen für diese „kontrollierten Abenteuer" finden Sie in diesem Buch!
In diesem Buch erklärt und zeigt die Keramikmeisterin und langjährige Dozentin für Keramik an der Universität Koblenz-Landau neben professionellen Anleitungen zu basalen Grunderfahrungen mit Ton die verschiedenen Gestaltungstechniken für den Umgang mit Ton in anschaulichen Schritt-für-Schritt-Anleitungen. Es werden vielerlei Beispiele für den Unterricht beschrieben mit Förderaspekten, um den vielfältigen Fähigkeiten der Kinder gerecht werden zu können.

2017, 112 S., 165 farbige Abb., Format DIN A4, Ringbindung, Alter: 0–99
ISBN 978-3-8080-0804-1 | Bestell-Nr. 1280 | 23,95 Euro

---

vml verlag modernes lernen

Schleefstraße 14, D-44287 Dortmund
Telefon 02 31 12 80 08, Fax 02 31 12 56 40
Gebührenfreie Bestell-Hotline: Telefon 08 00 77 22 345, Fax 08 00 77 22 344
Leseproben und Bestellen im Internet: www.verlag-modernes-lernen.de

Praxis

Wir sind genauso schnell wie ... Andere!
Bis 10 Uhr bestellen, superschnelle Lieferung innerhalb BRD mit DHL Paket ab dem nächsten Tag!

Martin Vetter / Susanne Amft / Karoline Sammann / Irene Kranz

G-FIPPS: Grafomotorische Förderung
Ein psychomotorisches Praxisbuch

Die von den Autoren im Rahmen eines integrativ und präventiv ausgerichteten Forschungsprojektes entwickelte G-FIPPS-Förderkonzeption zur grafomotorischen Unterstützung von Kindern lässt sich ideal im Kindergarten- und Grundschulbereich einsetzen, ist aber auch in Kindergruppen außerhalb des schulischen Settings durchführbar. Den roten Faden bietet eine spannende Rahmengeschichte mit dem bekannten Elefanten Elmar aus den Büchern von David McKee. Durch die Möglichkeit der individuellen Arbeitsweise in der Gruppe haben Kinder mit unterschiedlichen Voraussetzungen die Chance, von der Förderung zu profitieren. Somit wird Inklusion ermöglicht. Die Besonderheit der G-FIPPS-Förderkonzeption ist es, dass es sich nicht um ein auf den Erwerb von grob- und feinmotorischen Fertigkeiten reduziertes Lernprogramm handelt. G-FIPPS erhebt den Anspruch, zur Verbesserung von grafomotorischen Fähigkeiten auch den persönlichen Ausdruck und die sozial-kommunikativen Fähigkeiten des Kindes, im Sinne eines umfassenden psychomotorischen Grafomotorik-Verständnisses, zu fördern.

2. Aufl. 2016, 192 S., farbige Abb., DIN A4, Klappenbroschur, Alter: 4-8
ISBN 978-3-938187-52-4 | Bestell-Nr. 9402 | 22,80 Euro

sich bunte Bilder, Begegnungen und inspirierende Geschichten, die zum Staunen, Lachen und Nachdenken anregen. Die Leser werden kleinen und großen Menschen begegnen, von ihren Träumen, Wünschen und Visionen erfahren und sie im alltäglichen Tun begleiten. Sie sind mittendrin im pulsierenden Alltag, spüren die Lebenslust und die Leichtigkeit.

(2016 in der Shortlist der Stiftung Buchkunst, als eines der schönsten Bücher Deutschlands.)

„Freiheit, Abenteuer, Lebenslust statt Förderwahn und Leistungsfrust! Es gibt noch viele interessante Ideen in dem Buch, z.B.: Die Tür zum Büro der Leitung, Die Tür zur Kinderkonferenz, Die Tür zur Eltern-Klön-Ecke. Ich bin so begeistert von diesem Konzept, dass ich jedem nur empfehlen kann, das Buch zu lesen und zu spüren, wie viel Leichtigkeit und Spaß die Arbeit in einem Kindergarten beinhalten kann." Britta Fichert, Theraplay – Schwierige Kinder Journal

„Es ist wohltuend, in der aktuellen Menge frühpädagogischer Literatur genau dieses Buch in den Händen zu halten. Es theoretisiert nicht herum, konzentriert sich von Anfang an auf die Praxis, folgt keinen dogmatischen Pädagogiktrends, läuft keiner bildungspolitischen Strömung hinterher und bringt stets das Wesentliche, ohne Umschweife, auf den Punkt." Dr. Armin Krenz, KiTa aktuell

2. Aufl. 2017, 320 S., zweifarbig, Format 16x23cm, Klappenbroschur
ISBN 978-3-8080-0777-8 | Bestell-Nr. 1264 | 26,95 Euro

Günter Pütz / Manuela Rösner

Von 0 auf 36
Beobachtungs- und Spielsituationen zur Entwicklungsbegleitung von Kindern unter 3

„Insgesamt halte ich das Buch für empfehlenswert; es hilft, die Entwicklung der Kinder in einem Altersbereich zu begleiten, zu beobachten und zu fördern, in dem sie so richtig 'Gas geben', von 0 auf 36." Dr. Lothar Unzner, socialnet.de

„Die Gestaltung des Buches ist sehr klar und übersichtlich und macht eine leichte Handhabung möglich. Gerade die ersten Kapitel fassen kompaktes Wissen zu den Entwicklungsbereichen auf wenigen Seiten übersichtlich und vor allem verständlich zusammen. Die Beschreibung der Beobachtungsaufgaben sind farblich den Entwicklungsmonaten und den dazugehörigen Beobachtungsbögen zugeordnet.
Die Beobachtungsaufgaben sind mit wenig Material umsetzbar und gut in den Tageslauf integrierbar. ... Meine persönliche Empfehlung: Von '0 auf 36' halte ich für besonders geeignet für die Dokumentation in der Tagespflege." Daniela Pfaffenberger, kigaportal.com

2., bearbeitete Auflage 2017, 160 S., farbige Abb., Beigabe: Formulare zusätzlich als Download, Format DIN A4, Klappenbroschur, Alter: 0-3
ISBN 978-3-8080-0822-5 | Bestell-Nr. 1253 | 22,95 Euro

verlag modernes lernen

Schleefstraße 14, D-44287 Dortmund
Telefon 02 31 12 80 08, Fax 02 31 12 56 40
Gebührenfreie Bestell-Hotline: Telefon 08 00 77 22 345, Fax 08 00 77 22 344
Leseproben und Bestellen im Internet: www.verlag-modernes-lernen.de